BLACK WARRIORS: IL RITORNO DEL BUFFALO SOLDIER

IVAN J. HOUSTON

BLACK WARRIORS: IL RITORNO DEL BUFFALO SOLDIER

iUniverse books may be ordered through booksellers or by contacting:

iUniverse
1663 Liberty Drive
Bloomington, IN 47403
www.iuniverse.com
844-349-9409

ISBN: 978-1-6632-5539-6 (sc)
ISBN: 978-1-6632-5540-2 (e)

Library of Congress Control Number: 2023916360

Print information available on the last page.

iUniverse rev. date: 08/22/2023

INTRODUZIONE

Un milione di neri americani ha servito nelle forze armate durante la Seconda guerra mondiale. Eravamo operai, cuochi, inservienti, camerieri. Non eravamo dei combattenti. Ci avevano quasi tutti assegnati alle nostre unità di servizio, alla guida di camion, alla costruzione di aeroporti, allo scarico di navi e ad altri compiti umili. Era come se il Sud avesse vinto la guerra civile. C'erano però delle eccezioni e alcune delle unità di servizio sperimentarono combattimenti pesanti come il "Red Ball Express", che riforniva di carburante i carri armati del generale Patton, e un battaglione che lanciava palloni da sbarramento, proteggendo gli sbarchi del D–Day. C'erano alcuni carri armati sparsi, cacciatorpedinieri e battaglioni di artiglieria che avevano visto anche qualche combattimento.

Dopo molte pressioni politiche da parte dei leader afroamericani, il 99° esimo squadrone di inseguimento e più tardi il 332° squadrone di caccia comandati dal colonnello Benjamin O. Davis Jr. e il figlio del primo generale di colore entrarono in combattimento. Davis Jr. frequentò l'Accademia Militare di West Point ma causa della sua etnia non gli fu mai rivolta la parola durante i quattro anni che trascorse lì. Questi aviatori neri divennero i Tuskegee Airmen.

Nel frattempo, i leader e la stampa di colore, che erano molto più forti ed influenti di quanto lo siano oggi, continuavano ad incoraggiare: "Mandiamo i nostri ragazzi a combattere". Non era un grido vuoto. C'era questo sentimento che ci diceva che, in qualche modo, lottare per il paese ci avrebbe aiutato a diventare anche noi cittadini di prima classe nel nostro di paese.

Nel 2005, circa sessant'anni dopo la fine della Seconda guerra mondiale, ho iniziato a scrivere un libro di memorie sulla mia esperienza. Ho combattuto in quella che è stata l'ultima divisione di fanteria unicamente composta da soldati di colore nella storia del nostro paese. È stata un'esperienza unica. Ho pensato che fosse una parte della storia che doveva essere condivisa. Ho anche tenuto alcuni discorsi su quello che mi è successo.

Il mio libro, *Black Warriors: The Buffalo Soldiers of World War II* è stato pubblicato nella primavera del 2009 negli Stati Uniti, ed è stato rivisto e ristampato nel 2011. In Italia invece è stato pubblicato nel 2014 con il titolo *Black Warriors: I Buffalo Soldiers e la Liberazione dell'Italia lungo la Linea Gotica*. Ho incluso un riassunto di quel libro nel Capitolo 1 così da avere il background necessario che consenta di apprezzare questo libro.

I miei ritorni in Italia e le visite annuali dal 2012 al 2018 sono state parte dei momenti più importanti della mia lunga vita. Ogni volta che sono tornato in Italia ho sentito di rappresentare tutti i Buffalo Soldier della Seconda guerra mondiale e percepito come gli italiani della Toscana ci considerassero degli eroi. Eravamo i soldati afroamericani che gli avevano la libertà. Sono stato felice di saperne di più sul loro conto e di partecipare alle loro rievocazioni storiche e scoprire il *Volto Santo* di Lucca, quando meno me lo aspettavo. Ciascuno dei capitoli dal 2 al 7 contiene fotografie nella parte finale.

Ivan J. Houston
Maggio 2019

PROLOGO

Mio padre ha iniziato a scrivere questo libro alcuni anni fa e ne ha terminato la maggior parte prima della sua morte il 1° marzo 2020. La *Houston Family Trust*, composta da me medesimo e le mie sorelle Pam e Kathi, ha completato quella che è diventata la storia finale di nostro padre. Io e le mie sorelle abbiamo viaggiato in Italia con papà molte volte. Abbiamo lavorato a stretto contatto con lui sia su questa opera che alla precedente *Black Warriors: i Buffalo Soldiers e la Liberazione dell'Italia lungo la Linea Gotica*, così come su tutti i suoi social media, e anche nella partecipazione ad eventi e ai firmacopie delle sue opere. Questo racconto è storica, attuale e personale, proprio come papà.

Dopo l'ultimo capitolo, abbiamo incluso una postfazione con foto e commenti di alcuni dei nostri amici italiani che hanno incontrato nostro padre in tutte le sue visite. Mattea (proprietaria di Villa La Dogana), Flavio (rievocatore storico), Marco (coach di nuoto) e Francesca (rievocatrice e abbracciatrice) hanno tutti avuto un ruolo nel rendere l'Italia la seconda casa di nostro padre.

—Ivan Abbott Houston

CAPITOLO 1

L'ANTEFATTO

Ho completato il mio primo anno alla Berkeley, Università della California, e mi sono arruolato nell'esercito il giorno prima di compiere diciotto anni. Con l'arruolamento, mi è stato dato un rinvio di sei mesi. Sono stato chiamato al servizio attivo il 3 gennaio 1944, e poi segnalato per il servizio al Forte MacArthur a San Pedro in California. Da subito è iniziata la segregazione razziale perché le reclute bianche andavano da una parte, e noi soldati di colore andavamo dall'altra. Dopo alcune settimane di test e di apprendimento delle vie dell'esercito, sono stato inviato al Programma di addestramento specializzato dell'esercito (ASTP) per l'addestramento di base della fanteria al Forte Benning in Georgia.

Trenta di noi reclute dal Forte MacArthur sono state inviate in treno al Forte Benning. Emmett Chappelle ed io eravamo gli unici due soldati neri tra le reclute. Per questo motivo abbiamo dormito insieme. Avevamo entrambi avuto dei buoni risultati nei test e l'esercito ci stava inviando a questo programma speciale dove avremmo ricevuto addestramento di fanteria per tredici settimane e per poi tornare al college per un programma accelerato. Dopo la laurea, saremmo tornati nell'esercito per il servizio attivo. Ci sono voluti altri settant'anni dopo l'addestramento della fanteria al Forte Benning prima che potessi sapere di Emmett. Era un famoso scienziato della NASA con numerosi brevetti e aveva letto il mio libro *Black Warriors: i Buffalo Soldiers e la Liberazione dell'Italia lungo la Linea Gotica*. La lettera che Emmett mi inviò diceva: "L'uomo che sono diventato e che sono oggi lo devo ai miei anni da Buffalo Soldier. Ivan, gran parte della nostra esperienza afroamericana rimane ancora sconosciuta, non registrata e quindi persa. La storia, dopotutto, è scritta dai vincitori. *Black Warriors* è un contributo di grande valore per rivelare la verità". Emmett è stato inserito nella National Inventors Hall of Fame nel 2007.

Ho anche ricevuto una lettera da Jim Tucker dopo la pubblicazione del mio libro. Jim ed io eravamo nella squadra di intelligence del battaglione quando siamo andati in Italia. Jim era in un altro gruppo di addestramento (ASTP) ma ci incontrammo al Forte Huachuca in Arizona. È stato un grande velocista e studioso, ha ottenuto il suo dottorato di ricerca in economia, scritto libri di finanza ed è diventato il primo ufficiale afroamericano della filiale di Richmond della Federal Reserve Bank. Era il vice presidente della banca quando è andato in pensione. Poco dopo la guerra, uno dei suoi traguardi più memorabili è stato correre e vincere la staffetta 4x4 a Francoforte in Germania. Nonostante una dolorosa trazione del tendine del ginocchio, verso la fine della gara, Jim ha continuato a correre. In questo modo ispirò il generale George S. Patton, un appassionato fan di atletica leggera che aveva assistito alla gara, a definirlo uno degli uomini più coraggiosi che avesse mai incontrato. Sulla nave che attraversava l'Oceano Atlantico, Jim e io parlammo di molte cose. Una delle nostre discussioni più frequenti riguardava lo stato maggiore dell'esercito tedesco e il suo funzionamento. Probabilmente fu una strana chiacchierata per due soldati neri ma quando arrivammo in Italia, incontrammo uno dei più grandi generali dell'esercito tedesco, il feldmaresciallo Albert Kesselring.

Durante il nostro viaggio Jim Tucker, McKinley Scott, George Gray, James E. Reid ed io giocavamo a carte sul ponte durante il giorno. Scott, Gray e Reid furono uccisi in battaglia. Jim mi aveva dato qualche consiglio dopo la prima stampa del mio libro. Mi aveva detto di mettere un indice in *Black Warriors: I Buffalo Soldiers e la Liberazione dell'Italia lungo la Linea Gotica*, e l'ho fatto per la ristampa. Jim è morto nel 2016 all'età di novantuno anni.

Sono stato anche contattato dal figlio del mio comandante di compagnia, il Capitano Hugh D. Shires. Shires era uno dei nostri ufficiali bianchi ed era davvero un ottimo leader. Il nipote di Shires, che era stato in Afghanistan, ha trovato il mio libro mentre faceva ricerche su Internet. Prima di morire nel 2007, Shires aveva a suo figlio che tutti i soldati del battaglione lo avevano reso molto orgoglioso.

Nel marzo 1944 il programma dell'esercito a cui ero stato assegnato terminò e tutte noi reclute, per lo più giovani studenti universitari che avevano ottenuto un punteggio elevato nel test di classificazione generale dell'esercito, fummo inviati alle divisioni di fanteria: l'invasione dell'Europa era in corso e si sapeva che le vittime di fanteria sarebbero state alte.

Noi soldati di colore ASTP (cioè sei in una compagnia di duecento soldati) siamo stati inviati alla 92° divisione di fanteria chiamata Buffalo, poiché eravamo tutti di colore in una divisione composta completamente da soldati neri. Alla fine della guerra, venni a sapere che dei sei che eravamo, due furono uccisi durante i combattimenti, mentre Emmett ed io

3

rimanemmo entrambi feriti. Non so cosa sia successo agli altri due. Ci chiamavano Buffalo Soldiers perché quella era l'insegna della divisione: un bufalo nero. Dopo la guerra civile, i soldati di colore furono inviati ad ovest per affrontare gli indiani. Gli indiani li chiamavano Buffalo Soldiers per i loro capelli e per il loro coraggio.

La 92° divisione di fanteria era comandata dal generale maggiore Edward M. Almond, della Virginia. Gli ufficiali di fanteria di linea superiore, maggiori e superiori, erano tutti bianchi e per lo più del sud. Era come se l'esercito pensasse che gli ufficiali bianchi del sud sarebbero riusciti a gestire meglio i soldati neri. I sottufficiali erano sia bianchi che neri ma quando siamo entrati in combattimento nessun ufficiale di colore avrebbe mai potuto comandare un soldato o un ufficiale bianco, indipendentemente dal grado! Tutti gli uomini arruolati nella divisione erano di colore. Allora ero un soldato di soli diciotto anni e non ci feci molto caso. Questo era il modo in cui il paese e l'esercito erano stati gestiti dalla nascita della nostra nazione.

Mi arruolai nella 92° divisione nel marzo 1944 e fui assegnato alla compagnia del quartier generale, terzo battaglione nel 370° reggimento di fanteria. Sono rimasto in quella compagnia per tutta la durata della guerra, servendo dapprima come esploratore, poi come assistente del sergente delle operazioni e impiegato di battaglione fino ad diventare sergente maggiore di battaglione. Il nostro sergente delle operazioni T. T. Davis ci aveva fatto tenere meticolosi registri minuto per minuto, ora per ora, giorno per giorno di tutto ciò che era accaduto al nostro battaglione mentre era in combattimento. L'elenco di tutte quelle informazioni formò il diario delle operazioni, che è stato poi la base del mio primo libro, *Black Warriors: I Buffalo Soldiers e la Liberazione dell'Italia lungo la Linea Gotica.*

La base della 92° divisione di fanteria era il Forte Huachuca. Il Forte Huachuca si trova nel deserto meridionale dell'Arizona, vicino al confine con il Messico. Non c'erano comunità civili nei pressi del forte. Eravamo circa quindicimila soldati nella 92° divisione. Le unità più grandi erano i tre reggimenti di fanteria: il 365°, il 370° e il 371°. C'erano anche l'artiglieria, l'ingegnere di combattimento e i battaglioni medici come parte della divisione.

Il mio reggimento, il 370°di fanteria, si separò dal resto della divisione nella primavera del 1944. Insieme al 598° battaglione di artiglieria da campo fu creato il team di combattimento 370, formato da compagnie di ingegneri da combattimento e medici. Le insegne con i bufali e tutto ciò che ci identificava come parte della 92° divisione di fanteria furono rimosse da tutto ciò che si poteva. Il defunto Leo Branton, un noto avvocato per i diritti civili di Los Angeles, era nell'unità di ricognizione della 92° divisione al Forte Huachuca. Leo mi chiamò dopo aver letto il mio libro e mi disse: "Finalmente so cosa è successo al 370°! Tutti noi ci siamo svegliati una mattina del luglio 1944 e l'intero reggimento era sparito!"

In quanto squadra di combattimento del 370° reggimento, lasciammo il Forte Huachuca il 1° luglio 1944 e salpammo da Hampton Roads, in Virginia, il 15 luglio 1944. Secondo il colonnello Sherman, nostro comandante di reggimento, eravamo un gruppo selezionato di ufficiali e uomini, e spesso ci chiamavamo "gli incursori di Sherman". Avevo appena compiuto diciannove anni e sinceramente non vedevo l'ora di vivere una grande avventura. Ci rasammo la testa per sembrare combattenti feroci, come i guerrieri nativi americani, mentre ci preparavamo ad affrontare quella macchina da guerra che era la Germania nazista.

C'erano quattromila soldati del 370° team di combattimento sulla nave da trasporto truppe chiamata USS *Mariposa*. Abbiamo navigato nell'Oceano Atlantico come una nave solitaria, non in un convoglio. Le notti erano bellissime. Tutte le stelle nel cielo sembravano gioielli scintillanti. Siamo arrivati al largo delle coste del Nord Africa in poco più di una settimana e poi abbiamo navigato attraverso lo Stretto di Gibilterra, atterrando a Oran, in Algeria, il 24 luglio per un soggiorno molto breve.Ci trasferimmo sulla nave da trasporto della marina USS *Generale G. O. Squire* il 26 luglio e salpammo per la destinazione successiva: Napoli, in Italia. Atterrammo al porto bombardato di Napoli il 1° agosto. Le persone che vedemmo visto sulla strada per l'accampamento ci chiedevano l'elemosina e sembravano estremamente indigenti.

Rimanemmo a Napoli accampati in un vulcano spento per diversi giorni e poi gli 854 soldati del mio terzo battaglione lasciarono Napoli su un piccolo piroscafo costiero, il *John Jay*. Dormimmo sul ponte per il breve tempo che ci volle per arrivare al porto bombardato di Civitavecchia, a nord di Roma. Ci accampammo e allenammo fino a quando i camion dell'esercito ci portarono a nord, a quasi 250 km dalle linee del fronte vicino a Cascina, sul lato sud del fiume Arno. A causa del caldo estivo la portata del fiume stava diminuendo e le rive erano sabbiose, fangose e prive di vegetazione. Era il 23 agosto 1944. I tedeschi erano sul lato nord del fiume. Guardando da un avamposto, riuscivo a vedere in lontananza una torre cilindrica molto alta, inclinata proprio come quando l'ho trovata descritta nei libri di storia, una delle sette meraviglie del mondo. Era la Torre di Pisa! Per me vedere una delle meraviglie del mondo è stato indimenticabile. Anche da lontano ricordo che era di un bianco scintillante, maestosa.

Inviammo delle pattuglie per capire se qualcuno dei nemici fosse ancora sul lato sud del fiume. I soldati di pattuglia dovevano anche contattare le unità alleate a sinistra e a destra. Eravamo sotto il comando della prima divisione corazzata. Ad un certo punto ci ordinarono di trovare il posto migliore per attraversare il fiume Arno. Il 24 agosto 1944, durante una di queste pattuglie, il sergente James E. Reid, un amico con cui avevo giocato a carte durante la traversata dell'Atlantico, fu ucciso, diventando il primo soldato di fanteria nera ucciso in combattimento in Europa durante la Seconda guerra mondiale.

Il 1° settembre 1944, insieme alla famosa prima divisione corazzata e spesso in sella ai loro carri armati, attraversammo il fiume Arno e liberammo Pisa e molte delle città e dei borghi di quella parte della Toscana. Il 100° battaglione nippo-americano era al nostro fianco. Incontrai un soldato nippo-americano vicino alla torre di Pisa. Eravamo entrambi accovacciati accanto al muro molto alto che circondava il complesso della torre mentre cercavamo di evitare il fuoco dei cecchini. I soldati di quel 100° battaglione erano giapponesi americani delle Hawaii. Non erano stati messi in campi di ricollocazione e molti si erano offerti volontari per il servizio militare. Il 100° battaglione, con circa un migliaio di soldati, in seguito entrò a far parte del 442° reggimento di fanteria nippo-americano, formato dai soldati che si erano offerti volontari a combattere per il nostro paese. Divennero il reggimento con il maggior numero di medaglie dell'esercito degli Stati Uniti.

È interessante notare che la prima forza dell'esercito che attraversò il fiume Arno fu la prima divisione corazzata bianca, poi il 100° battaglione nippo-americano e a seguire la 370° squadra da combattimento afroamericana. Nel settembre 1944 non credo che nessuno fosse a conoscenza del fatto storico di quella diversità.

Mentre ci muovevamo attraverso i borghi e le città sul lato nord del fiume Arno (ad est di Pisa) centinaia di italiani affamati e allegri circondavano i nostri veicoli. Ci inondavano di fiori e gridavano "Viva americani!". Erano stati dietro le linee tedesche per mesi senza cibo adeguato. Fatta eccezione per alcuni fascisti, la maggior parte delle persone che abbiamo incontrato erano veramente felici di vederci perché erano stati liberati! I festeggiamenti in ogni comunità sembravano crescere man mano che la mattina diventava notte. In una frazione appena a nord del fiume Arno, i cittadini ci accolsero al grido di "Viva americani!" e "Buongiorno!" e altre frasi che andavano oltre il nostro vocabolario limitato. Altri si limitavano a salutare pieni di gioia. C'erano anche alcuni uomini e donne che piangevano commossi. I civili esaltati si aggrapparono ai nostri veicoli e riempirono i soldati di uva, vini e frutta. Alcuni ci corsero accanto, versando vino a chi lo desiderava, mentre altri di entrambi i sessi e di tutte le età pagavano il loro tributo con tanti e tanti baci. Ognuno di quei ragazzi in parata si sentiva un vero e proprio eroe. Ancora oggi sorrido e mi rallegro quando mi ricordo di quelle scene. In Italia gli italiani bianchi salutavano i neri americani e inneggiavano loro come liberatori. Ci inondarono di amore. Nel nostro paese però, eravamo ancora cittadini di seconda classe a tutti gli effetti.

Dopo aver attraversato il fiume Arno mentre ci dirigevamo a nord verso le mura medievali della città di Lucca, scoppiarono dei pesanti combattimenti. lungo tutta la linea del fronte. Il 4 settembre il nostro ufficiale di reggimento fu ucciso e subimmo pesanti perdite mentre la compagnia I, spesso a cavallo di carri armati, si faceva strada nel borgo di Ripafratta che si trova vicino Lucca, in Toscana. Il maggiore Aubrey R. Biggs fu il primo ufficiale bianco ucciso in azione nel nostro reggimento.

Al mio battaglione fu ordinato di catturare la quattrocentesca Villa Orsini, a circa 8 chilometri dalla città di Lucca. Portammo a termine la missione e da quel momento in poi la villa divenne la nostra roccaforte. La cattura di Lucca e di Villa Orsini all'inizio di settembre 1944 fu parte di un'operazione di combattimento in rapida evoluzione che avrebbe poi avuto un grande significato nella mia vita quasi settant'anni dopo.

All'inizio dell'ottobre del 1944, al 370° team di combattimento fu dato l'incarico di catturare il Monte della Cavalla, una montagna che domina la pianura ligure, e che avrebbe portato i nostri eserciti nelle città di Massa e Carrara. Il nostro primo battaglione, avendo subito pesanti perdite, non è stato in grado di arrivare in cima. Il primo tenente Alonzo M. Frazier, che era un ufficiale di colore, fu ferito a morte durante l'assalto e il suo battaglione subì molte altre vittime. Frazier rifiutò l'offerta del medico, che voleva portarlo nelle retrovie. Continuò a guidare il suo plotone fino alla morte. Ora giace con altri quattrocento Buffalo Soldiers nel cimitero americano di Firenze.

Il 12 ottobre le compagnie di fucilieri I, K e L del terzo battaglione attraversarono il fiume ai piedi della montagna e, usando le scale di corda, riuscirono a raggiungere la cima. Furono immediatamente colpiti dai contrattacchi tedeschi e, dopo aver subito una serie, iniziarono a rimanere a corto di munizioni. Mi offrii volontario con una dozzina di soldati per cercare di portare munizioni in cima alla montagna. La nostra pattuglia di munizioni era stata bombardata dal fuoco di artiglieria fin dall'inizio del combattimento. Perdemmo diversi uomini nel tentativo di raggiungere la cima. Non ci riuscimmo. Una scheggia di proiettile forò e bruciò i miei vestiti. I nostri uomini in cima al monte furono colpiti. Mentre la battaglia infuriava, il primo tenente Ralph Skinner della compagnia L fu gravemente ferito. Il tenente Skinner continuò a guidare il suo plotone ma morì di ferite mortali mentre la battaglia infuriava. Il soldato Jake McInnes sparò con il suo fucile automatico Browning, uccidendo e ferendo diversi tedeschi. Durante la battaglia McInnes fu messo fuori combattimento da una granata a concussione. Sopravvisse e fu portato giù dalla montagna. Sia il tenente Skinner (postumo) che il soldato McInnes sono stati premiati con la Stella d'Argento per la loro azione eroica e coraggiosa. McInnes in seguito tornò in azione.

Il mio battaglione non fu in grado di aggrapparsi al Monte della Cavalla e alla fine ricadde nella città alla sua base, Seravezza. Il terzo battaglione subì molte perdite in quella terribile battaglia. Guardando indietro, sono certo di essere rimasto temporaneamente sotto shock o, come si dice oggi, di aver sofferto del disturbo da stress post-traumatico (PTSD). Avevo lo stomaco in subbuglio e a volte mi tremavano le mani. Mi hanno insignito della medaglia chiamata Combat Infantryman Badge (CIB) per la condotta esemplare in azione contro il nemico per aver cercato di ottenere munizioni in cima alla montagna. Ricevetti un aumento di stipendio di dieci dollari al mese e quando la guerra finì mi fu assegnata la Bronze Star Medal, la medaglia della stella di bronzo. Mi tremano ancora le mani quando penso a quella battaglia.

Molto più tardi infatti, mentre facevo ricerche per il mio libro, lessi che eravamo stati severamente criticati per le nostre azioni sul Monte della Cavalla e Seravezza. Le critiche provenivano dal quartier generale della quinta armata che sosteneva che non avevamo mantenuto il focus sul nostro obiettivo. Questo è difficile da stabilire dal momento che abbiamo dovuto usare scale di corda per scalare la montagna e siamo stati continuamente bombardati da artiglieria e mortai. Le mitragliatrici hanno rastrellato le nostre posizioni e alla fine abbiamo finito le munizioni. Cos'altro avremmo potuto fare in quella situazione?

Nel dicembre 1944 il mio battaglione fu spostato di circa trenta chilometri ad est, a nord di Firenze e Pistoia. Eravamo nelle profondità degli Appennini e molto presto nella neve. Ci misero sotto il comando della sesta divisione corazzata sudafricana, un'unità che combatté con l'ottava armata britannica contro il feldmaresciallo tedesco Erwin Rommel nel deserto del Nord Africa. La nostra linea del fronte rimase molto silenziosa per quasi due mesi. Ci fornirono uniformi invernali bianche. Oggi sembra un controsenso che i soldati neri americani, per lo più dal sud dell'America, combattessero nella profonda neve nelle montagne dell'Appennino settentrionale sotto il comando dei sudafricani. Ma è andata davvero così.

Durante quell' freddo inverno, i tedeschi spesso ci bombardavano con volantini di propaganda che ci incoraggiavano ad arrenderci. Questi volantini mostravano una foto di un soldato di colore che era stato catturato. Ma non ci facemmo influenzare da quella propaganda. Continuammo a combattere perché nessuno voleva essere prigioniero dei nazisti.

Il 26 dicembre i tedeschi attaccarono dei soldati della 366° fanteria che era un altro reggimento afroamericano che ci aveva alleviato il carico di alcuni combattimenti. Questa 366° fanteria non faceva parte della 92° divisione ma era comunque composta da soli soldati di colore, compresi i suoi ufficiali più anziani. Il generale Almond non voleva che fossero assegnati alla sua divisione. Li accolse con delle osservazioni così pungenti che il colonnello Queen (il loro comandante nero) si sentì male e dovette ricevere soccorso. Almond disse loro che l'unica ragione per cui erano lì era perché la stampa nera insisteva nel volerli vedere in azione. Volevano vederli combattere e quantificare le vittime. Il loro precedente incarico era stato quello di sorvegliare gli aeroporti in tutto il Mediterraneo. Probabilmente non erano pronti per la dura realtà dei combattimenti di fanteria e in effetti subirono pesanti perdite. Ci sono almeno 113 soldati della 366° fanteria sepolti nel cimitero americano di Firenze. I documenti ufficiali dell'esercito però non hanno registrato nemmeno una vittima appartenente a questo reggimento afroamericano. Come sia stato possibile tutto ciò resterà per sempre un mistero per me.

Un'unità della 366° divisione si trovava nel comune montano di Sommocolonia quando il 26 dicembre fu attaccata da una schiacciante forza tedesca. Tentarono una ritirata ma il tenente John Fox, vedendosi circondato, chiese di aprire il fuoco dell'artiglieria sulla sua posizione. Rimase ucciso insieme a diversi soldati nemici. Il tenente Fox fu insignito della Distinguished Service Cross (la seconda più alta onorificenza al valore) trentotto anni dopo quell'azione. In seguito fu insignito anche della medaglia d'onore nel 1997. Durante la Seconda guerra mondiale solo cinque ufficiali di artiglieria ricevettero la medaglia d'onore. Uno di loro è stato il tenente John Fox della compagnia Cannon, appartenente alla 366° divisione di fanteria.

Nel gennaio 1945 il mio battaglione fu rilasciato dai sudafricani e tornò alla 92° divisione di fanteria. Appena in tempo prima della successiva battaglia al Monte della Cavalla. L'8 febbraio ci fu ordinato di attaccare le colline X, Y e Z: questo era il nome dato dal comando superiore a queste colline non identificate. Si trovavano sul versante occidentale della montagna.

Eravamo l'unica divisione attiva nella Quinta Armata degli Stati Uniti in quel momento. Molto più tardi lessi che il generale Almond voleva che tenessimo occupati i tedeschi in modo che non fossero in grado di alleviare le loro forze sul fronte russo.

L'attacco fu un vero e proprio disastro. Molti ufficiali e uomini arruolati furono uccisi o rimasero feriti durante quell'offensiva fallita, inclusi due dei nostri comandanti di compagnia. Il capitano Clarence Brown, comandante della compagnia L, che rimase ferito e col tempo colpito da quello che sarebbe poi stato definito "shock o nevrosi da guerra". Il tenente Reuben Horner, il soldato più decorato del nostro battaglione, ha ricevuto la sua terza Purple Heart (medaglia cuore viola), due Silver Star (medaglie stella d'argento) e tre medaglie di bronzo. Il capitano Jessie Jarman, comandante della compagnia I, fu ucciso. Guardandolo il capitano Jarman sembrava un bambino. Indossava sempre le mostreggiature del suo capitano tirate a lucido, anche in combattimento. Forse è stato proprio questo che lo ha portato alla morte in questo combattimento. Dopo la sua morte ricevette le medaglie Silver Star e Bronze Star per le sue azioni eroiche.

La nostra situazione in questa battaglia si aggravò quando fummo bombardati e mitragliati dai nostri stessi aerei. Ero con la Compagnia K e uno dei nostri caccia P-47 degli Stati Uniti ha mitragliato la nostra posizione più volte. Alcuni dei nostri soldati si tolsero le camicie per mostrare che erano neri ma il fuoco non cessò.

Una parte del 366° reggimento di fanteria ricevette l'ordine di attaccare le posizioni tedesche dove il canale del Cinquale sfociava nel Mar Ligure. Attaccavano con carri armati e quei carri armati si bloccarono nella sabbia. Una raffica di artiglieria tedesca molto pesante li colpì e loro subirono delle perdite molto pesanti. L'attacco fallì e questo reggimento di colore fu smantellato in un mese. I superstiti furono inviati alle unità di servizio.

Il capitano Brown, l'ufficiale traumatizzato a comando della compagnia L, entrò nel posto di comando del battaglione. Maledisse tutti i presenti prima di essere portato in ospedale. Tutti i suoi comandanti di plotone, che erano ufficiali neri, erano rimasti feriti in quella battaglia. In seguito venni a sapere che il capitano Brown fu ucciso in azione nel conflitto coreano. Fu un comandante molto duro e rude, ma molto rispettato dai suoi uomini.

Come risultato della battaglia di febbraio, la 92° divisione fu completamente riorganizzata. A tutte le compagnie della 370° di fanteria furono mandati dei nuovi ufficiali comandanti bianchi. Dalla 370° divisione di fanteria furono mandati 52 ufficiali e 1.264 uomini arruolati ad altri reggimenti della divisione. La 370° divisione di fanteria ricevette sostituzioni da altri reggimenti che sono stati considerati affidabili in combattimento. Questo è accaduto perché non c'erano soldati di colore addestrati che fossero disponibili per la 92° divisione. Non potevamo accettare sostituzioni di bianchi perché avrebbero dovuto servire sotto ufficiali e sottufficiali di colore. Questo era contro la politica dell'esercito. Gli altri due reggimenti della 92° divisione (il 365° e il 371°) furono privati dei loro migliori uomini e inviati al mio reggimento, il 370°.

Il nostro attacco finale avvenne nell'aprile del 1945. Attraversammo il canale del Cinquale, l'àncora occidentale della Linea Gotica. Durante quell'attacco, il fuoco di mortaio mi spazzò via facendomi passare attraverso una porta della grande villa che occupavamo. Avevo la schiena in fiamme e mi si conficcò un piccolo frammento di proiettile nella spalla. Fui curato dal dottor Young, il nostro ufficiale medico di battaglione, che mi rispedì in battaglia con una spalla molto dolorante. In seguito sono stato insignito della medaglia Purple Heart per le ferite ricevute in combattimento.

Mentre avanzavamo in questo attacco finale il tenente Vernon Baker, un capo plotone nel primo battaglione del nostro reggimento, guidò una pattuglia di combattimento che catturò un castello e spazzò via una forza tedesca. Perse alcuni uomini ma riuscì a causare gravi danni al nemico. Per i suoi sforzi è stato insignito della medaglia Distinguished Service Cross mentre era in Italia. Questo è stato il più alto onore dato a qualsiasi soldato della 92° divisione di fanteria durante la guerra. Gli è stata data la medaglia d'onore solo nel 1997, ben cinquantadue anni dopo la sua eccezionale azione di combattimento.

Infine, devo menzionare il tenente John M. Madison, l'ufficiale esecutivo della Compagnia I. Tutti gli ufficiali originali della Compagnia I, che erano stati guidati dal capitano Jarman, tranne Madison erano stati uccisi in azione entro il 1° marzo 1945. Il 4 aprile 2015 guidando il suo plotone in una delle ultime azioni della guerra, il tenente John M. Madison fu ucciso. Il tenente Madison è stato insignito postumo della Silver Star per le sue ultime azioni eroiche.

Mi ricordo di queste battaglie, azioni di combattimento e vittime perché in un'intervista del novembre 1953 il generale Almond (comandante della 92° divisione di fanteria) disse tra le altre cose, "L'uomo bianco è disposto a morire per patriottismo ma quello nero no". Disse anche: "Non vogliamo sederci a tavola con loro". Sono certo che sapesse che diverse centinaia di soldati neri sotto il suo comando erano stati uccisi in azione e che molti di loro sarebbero stati citati per azione eroica in battaglia. Come già detto, ad oggi oltre quattrocento dei miei compagni Buffalo Soldiers sono sepolti nel cimitero americano di Firenze, il Florence American Cemetery and Memorial. Molti altri sono stati restituiti agli Stati Uniti per la sepoltura. Come ho scritto nel mio primo libro, con l'aiuto di Dio e l'assistenza di molte altre unità di combattimento americane siamo stati in grado di sconfiggere la Germania nazista e l'Italia fascista, ma non abbiamo superato le Jim Crow, le leggi di segregazione razziale. Sono certo che i commenti del generale Almond abbiano macchiato la storia della 92° divisione di fanteria in modo molto negativo.

Per gli italiani, invece, noi eravamo degli eroi. Abbiamo dato loro la libertà. E questo mi porta al resto della mia storia, che è iniziata quasi settant'anni dopo.

CAPITOLO 2

2012

Nella primavera del 2012 ho ricevuto un'e-mail dal mio editore, chiedendomi se fossi interessato a contattare una donna in Italia. Era la proprietaria della villa che il mio battaglione catturò nel settembre 1944. Questa domanda mi stupì. Fu così che inviai subito un'e-mail a Mattea Piazzesi, la proprietaria della quattrocentesca Villa Orsini. Fortunatamente Mattea parla e scrive in inglese. Villa Orsini si trova a soli otto chilometri ad ovest di Lucca. Più precisamente a Cerasomma, vicino a dove abbiamo attraversato il fiume Arno e liberato la città di Lucca.

Mattea stava aggiornando il sito web della villa che era stata ribattezzata Villa La Dogana. Il nome dogana deriva dall'uso principale che la famiglia Orsini fece di questa villa quando la possedeva. La famiglia Orsini costruì la villa e la occupò fino al 1980 circa quando la famiglia Mattea la acquistò e la trasformò in un bed and breakfast. Mattea era interessata ad inserire all'interno del sito delle citazioni del mio libro, riguardanti la cattura della villa. Fui davvero molto felice di darle il permesso. Mattea mi inviò un'altra e-mail invitandomi a trascorrere qualche giorno proprio nella villa. Ne parlai con mio figlio e le mie due figlie e scoprì che entrambe le mie figlie e i loro mariti sarebbero tanto voluti venire con me. Essendo vedovo ho pensato subito che lo facessero perché volevano proteggermi. Lo dissi a Mattea, che ha poi esteso l'invito a tutta la mia famiglia.

La mia famiglia è composta dai miei tre figli adulti. Ho chiesto a ciascuno di loro di aiutarmi scrivendo ciò che hanno vissuto. Mia figlia Pam è la più grande ed è un'assistente legale in pensione. Pam è sposata con Paul Chretien, un ingegnere civile in pensione che gestiva la propria attività. Pam ha scritto:

> Crescendo negli anni Cinquanta e Sessanta a Los Angeles, io e i miei fratelli abbiamo sentito parlare della Seconda guerra mondiale da nostro padre. Il telo che portavamo in spiaggia era la coperta verde militare sbiadita di nostro padre. Siamo cresciuti sentendo i nomi di città come Viareggio, Pisa, Massa e Lucca. La nostra infanzia è stata pervasa da un intreccio di nomi di luoghi lontani. La guerra aveva lasciato un impronta su nostro padre fin da quando aveva diciotto anni, e più tardi questa impronta ha segnato anche i suoi figli. Nel 2012, raccontò di essere entrato in contatto via e-mail con una donna italiana di Lucca di nome Mattea Piazzesi, attuale proprietaria della famosa Villa Orsini che menzionava nel suo libro.
>
> Prima di partire per l'Italia, mi sono presentata a Mattea per e-mail. L'oggetto della e-mail iniziale recitava: "Sono la figlia del Buffalo Soldier". Abbiamo chiacchierato di motociclette

(siamo entrambe delle appassionate) e di cibo
messicano. Ho scoperto che la sua famiglia
possiede proprietà in Messico e che loro ci
andavano spesso. Le promisi di fare dei tacos
quando saremmo arrivati. E lei di cucinare cibo
tradizionale italiano per noi. Organizzammo
insieme un comunicato stampa e lo inviammo
a Mattea. Lo tradusse e lo inviò alla stampa
italiana locale e nazionale. Ne eravamo davvero
entusiasti. Era entusiasta.

La mia seconda figlia, Kathi, è nata nel 1951 a Los Angeles,
in California. Kathi è sposata con il dottor James Clyde
Berryman Jr. Vivono vicino a me a Los Angeles, ed entrambi
hanno deciso di fare questo viaggio con me in Italia. Il figlio
maggiore di Kathi, Barrett Johnson, è sposato con Jennifer
Ramos e hanno due figli, Sanaa e Brandon. Il figlio minore di
Kathi è Jay Johnson, sposato con Jeanne Roberts. Hanno anche
due figli, Jay Jr. e Jeanne Kathleen. La loro casa è a St. Louis,
nel Missouri. Anche il nonno di Jeanne (la nuora di Kathi) è
stato parte dei Buffalo Soldiers che hanno prestato servizio
in Italia. Si chiama Victor Roberts. Ha novantacinque anni
e vive a St. Louis. Da giovani, quando erano soldati, hanno
viaggiato sulla stessa nave da e per l'Italia durante la seconda
guerra mondiale, ma non si sono incontrati fino a quando i
loro nipoti hanno iniziato a frequentarsi e la famiglia ha messo
insieme le loro storie.

Kathi adesso è in pensione. Lavorava all'interno di un
programma finanziato dalla città di Los Angeles, ufficio del
sindaco, che forniva servizi di prevenzione e intervento contro il
crimine organizzato. Sono stato ospite come relatore all'interno
di alcuni programmi e ho distribuito copie del mio libro sulla

Seconda guerra mondiale ai partecipanti. Secondo Kathi, la domanda più frequente è: "Che tipo di pistola utilizzavi?" Non era strano porre domande del genere.

Il marito di Kathi, James, è un dottore farmacista responsabile nello stato della California. Sia Kathi che James sono attivi nella comunità ed entrambi sono venuti in Italia con me nel 2012.

Mia figlia Kathi ha scritto:

> Crescere con papà è stata un'avventura. Le storie del suo servizio nella Seconda guerra mondiale rimangono con me fino ad oggi. La mia preferita era la storia di Fortunato Sweeney...quando ci penso mi fa ancora sorridere. Era una buia notte italiana, papà e il suo battaglione stavano camminando in un territorio ostile. Dovevano essere silenziosi e camminare adagio per non farsi sentire. I Buffalo Soldiers erano in una sola linea, la via era stretta ed era così buio che non riuscivano neanche a vedere le loro stesse mani. Così si unirono in una cordata e ogni soldato poggiò la mano sulla spalla del compagno che lo precedeva. Mentre la lunga fila serpeggiava silenziosamente sul sentiero incolto, Sweeney si staccò dalla spalla dell'uomo di fronte a lui. Sfortunatamente, l'uomo di fronte a Sweeney non se ne accorse. A quel punto Sweeney divenne il capo degli uomini che erano dietro di lui, e continuò a camminare, camminare e camminare. Non disse a nessuno dietro di lui che non era più appoggiato a nessuno davanti. Nessuno si rese conto di quello che era

successo. Fu così che Fortunato Sweeney perse l'intera colonna mettendo in pericolo tutti i suoi compagni. Quando iniziò ad albeggiare, il colonnello comandante impedì loro di entrare in un incrocio stradale. Disse che i tedeschi stavano spazzando quell'incrocio con il fuoco delle mitragliatrici. Cercarono subito riparo.

Con la vivida immaginazione tipica dei bambini cercavo di immaginarmi la rabbia e la paura che devono aver provato una volta accortisi di essersi persi e di come questo fosse accaduto. Molti anni dopo, Sweeney mandò suo figlio Scott a lavorare per la nostra compagnia assicurativa a Los Angeles. Abbiamo condiviso questa storia con lui e ci siamo fatti una bella risata; dopotutto, i nostri papà sono sopravvissuti e quella storia sono riusciti a raccontarcela.

Papà parlava molto anche di Jody. "Jody" era il nome che i soldati davano a qualsiasi ragazzo non arruolato. Jody era a casa con tutte le donne. Mentre marciavano, cantavano: "Jody ha preso la tua ragazza e se n'è andato. Avevi una buona moglie, ma se n'è andata". La risposta era: "Dici bene!". La cantavano sempre mentre marciavano sul piede sinistro o destro. Era un ottimo modo per farli marciare in ordine.

Papà è rimasto ferito nella Seconda guerra mondiale e, ogni anno nell'anniversario di quel giorno, sente dolore alla spalla dove è stato colpito. Ogni anno, quando eravamo bambini, ci ricordava che gli faceva male la spalla. Così dicendo beveva anche della grappa da un bicchiere speciale che proveniva dalla casa in cui era stato ferito.

La cosa migliore erano le favole della buonanotte. Papà non leggeva favole come "mamma oca", lui inventava le sue storie di "eserciti di formiche", che combattevano sotto generali e vincevano battaglie e a volte le perdevano. Ci ha intrattenuto raccontandoci di strategie militari di formiche. Ha riportato così tanto della guerra a casa nostra. Al tempo vivevamo sulla 24° strada a Los Angeles.

Quando i miei genitori si trasferirono a Ladera Heights a Los Angeles, portarono con loro una mappa con i luoghi visitati da papà durante la guerra. Più tardi entrambi hanno viaggiato e visitato assieme quei luoghi. Sono tornati stupiti e felici del fatto che i partigiani si ricordassero ancora dei Buffalo.

È stato facile per me, mio marito James, insieme a mia sorella Pam e mio cognato Paul decidere di accompagnare papà in Italia nel 2012. La guerra e le sue storie sono sempre state parte della nostra vita, ed eravamo emozionati quanto lui all'idea di visitare quei posti. Inoltre, nostra madre non c'era più. Eravamo più che preoccupati di questa misteriosa donna italiana, che possedeva una villa aveva papà invitandolo come suo ospite personale. Questa donna, Mattea, i suoi amici e la sua famiglia sono ora membri della nostra famiglia.

Mio figlio più piccolo è Ivan Abbott Houston. È nato a Los Angeles nel 1954. È sposato da oltre trent'anni con Leslie Jackson-Houston, anche lei nativa di Los Angeles. Leslie è una manager e produttrice televisiva in pensione, ma recentemente è stata richiamata per uno show televisivo molto popolare. Ivan è anche il padrino del figlio di sua sorella Kathi, Barrett, e lui e Leslie sono padrini della figlia di Barrett, Sanaa.

La carriera di Ivan è iniziata come ingegnere a San Jose, in California, dove lavorava come designer e collaudatore di veicoli militari. Successivamente, è tornato a Los Angeles e ha lavorato come ingegnere informatico per una compagnia telefonica. Dopo un altro cambio di carriera, è diventato presidente della Golden State Minority Foundation. La fondazione sostiene gli studenti afroamericani, dai bambini che frequentano le elementari fino agli studenti universitari.

Oltre a svolgere i suoi doveri per la fondazione, Ivan e sua moglie Leslie hanno avviato un'attività chiamata Ivan's Cooking LLC. Qui si occupano di panificati e sono specializzati nella produzione di biscotti, pane e caramelle artigianali destinati ad una clientela internazionale. Ivan è un panettiere, pasticcere e cuoco eccezionale.

Ivan e io abbiamo avuto il piacere di viaggiare insieme in alcuni luoghi lontani, il primo di questi è stato l'Italia nel 2002. Ivan è sempre a mio fianco in tutti i progetti soprattutto come graphic designer per il mio libro e documentario, e anche per il sito web. Ivan è stato a più di trenta firmacopie delle mie pubblicazioni. Di me dice: "Papà, da quando ho iniziato a viaggiare con te e a partecipare a tanti firmacopie delle tue opere non smetto mai di stupirmi di come anche le persone della mia età siano affascinate dalla tua storia. La maggior parte di loro sostiene che i loro padri non abbiano mai parlato della guerra o di quel periodo della loro vita. Tutti concordano sul fatto che il tuo libro abbia permesso loro di imparare tanto di quella parte di storia di cui non avevano mai sentito parlare ma che, in fondo, ha sempre influenzato la loro vita". Ha aggiunto: "Mi stupisce ancora molto come tu ricordi vividamente tanti eventi. Non smetto mai di imparare da te".

Ivan non è riuscito a venire con noi durante la prima visita a Lucca nel 2012, ma da quel momento in poi non si è perso nemmeno un viaggio. Riesce a percepire l'amore che provo per quei luoghi e sembra apprezzare ogni visita.

In Italia iniziò a circolare la notizia che uno dei Buffalo Soldiers che aveva contribuito a liberare quella zona d'Italia sarebbe tornato. Un ufficiale dell'esercito italiano, il tenente colonnello Vittorio Biondi, veterano della guerra in Afghanistan, mi accolse in Toscana. Non ci volle molto per capire da Mattea che sarei stato molto occupato durante il mio soggiorno in villa. Io le dissi che sarei stato molto felice di partecipare a tutte le iniziative che avevano pianificato per il mio arrivo.

Con le mie figlie e i loro mariti, partimmo da Los Angeles l'11 settembre 2012. Arrivammo a Roma e poi a Pisa, dove Mattea e la sua famiglia ci accolsero. Mattea Piazzesi era esattamente quella giovane donna italiana che avevo incontrato in videoconferenza per organizzare il soggiorno nella villa. È una donna vivace ed energica e aveva deciso di farci da Cicerone. Era con suo figlio Lodovico (di circa dieci anni) suo marito Marco Landucci e la sua amica Marta Bertani. Marta vive a Lucca e aiuta Mattea a gestire Villa La Dogana. Marco è un allenatore di nuoto. Solo Mattea parlava inglese ma questo non fu per noi un ostacolo e le nostre famiglie entrarono subito in affinità. Comunicare era piuttosto semplice. Da bravi italiani, ci riempirono di baci e abbracci. Dopo un accoglienza meravigliosa ci dirigemmo verso la villa, che si trovava ad una trentina di chilometri di distanza.

Pam del notro arrivo ha scritto:

"Siamo atterrati all'aeroporto di Pisa il 12 settembre 2012. A salutarci c'erano Mattea e la sua famiglia. E tanti tanti mazzi di fiori. A me e a mia sorella è stato dato un grande bouquet. La nostra avventura stava iniziando davvero alla grande. Abbiamo viaggiato su tre auto in direzione della villa, passando per acquedotti e paesini di campagna. Ad un certo punto abbiamo rallentato in un incrocio ferroviario vicino a quello che pensavo fosse un'altra piccola cittadina. Con grande sorpresa ci fermammo ed entrammo attraverso i cancelli. Decine di persone e bambini con in mano bandiere americana ci salutavano festosi. Gli uomini indossavano uniformi vintage dell'esercito americano. Avevano allestito un intero campo di tende militari. C'erano jeep, motociclette e bandiere ovunque. Cerano anche armi, munizioni e attrezzature d'ufficio d'epoca e persino forniture di pronto soccorso. Eravamo davvero arrivati alla villa e ci accolse uno spettacolo davvero incredibile. Fu allora che mi resi conto per la prima volta che questo viaggio con papà sarebbe stato qualcosa di diverso dalla una tipica vacanza in famiglia in un paese straniero. Quello che stavamo guardando erano i rievocatori della Linea Gotica, che si erano accampati nel parco che circondava la villa. Ci sono molti gruppi di rievocazione storica sparsi per tutta l'Italia.

I toscani, con il loro ricco arazzo intrecciato di storia, hanno preso a cuore i Buffalo Soldiers. Insegnano la storia della loro Liberazione dai nazisti nelle scuole e hanno monumenti e targhe ovunque. E ora, con l'arrivo di papà, hanno anche il loro Buffalo Soldier personale.

Villa La Dogana si trova a Cerasomma, nei dintorni di Lucca. La villa fu costruita nel XV secolo dagli Orsini, una nobile famiglia italiana che fu una più influenti dell'Italia medievale e nella Roma rinascimentale. La famiglia Orsini comprende registra tra i suoi membri tre papi: Papa Celestino III, Papa Niccolò III e Papa Benedetto XIII.

Lucca è una grande città in Toscana. La sua popolazione è di circa novantamila abitanti. La parte vecchia della città è circondata da delle maestose mura medievali. Queste furono inizialmente costruite come bastioni difensivi ed erano considerate una grande forza militare dall'XI al XV secolo perché davano una vista completa da ogni bastione. Una volta raggiunto il loro scopo durante la guerra sono diventate a tutti gli effetti dei percorsi pedonali. La storia di Lucca è molto antica. Nel 218 a.C., un esercito romano sconfitto da Annibale di Cartagine, si ritirò a Lucca. Nel 57 a.C., Giulio Cesare, Pompeo il Grande e Crasso, gli uomini più potenti dell'Impero Romano, si incontrarono a Lucca per risolvere le loro divergenze e dividere l'impero. Nei primi anni del 1800,

Elisa, sorella di Napoleone, regnò come principessa di Lucca. Divenne parte della Toscana nel 1840 e infine parte dello stato italiano.

I terreni della villa sono molto spaziosi, con ampi e rilassanti prati verdi e zone ombreggiate per godersi l'ambiente campestre. Le attrezzature della Seconda guerra mondiale in ottime condizioni erano ovunque: jeep, motociclette, radio, macchine da scrivere, pistole e persino razioni di cibo. Alcuni dei soldati erano vestiti con uniformi dell'esercito tedesco della Seconda guerra mondiale e portavano persino armi tedesche. Tutti mi salutavano e, francamente, ero in soggezione mentre passavo in rassegna davanti a una squadra di soldati vestiti con uniformi americane mentre presentavano le armi. Erano attori eccellenti e sapevano come gestire i fucili e altre attrezzature.

Dopo il lungo viaggio da Los Angeles di circa sedici ore in aereo, avremmo dovuto essere esausti, ma ci sentivamo tutti esaltati dalla folla di persone che ci stava accogliendo. La gente voleva stringermi la mano, abbracciarmi e farsi delle foto con me. Ero felice di stare con loro.

La mattina successiva, il 13 settembre, dopo la colazione nella zona pranzo della villa con marmellate e caffè forte (a cui abbiamo aggiunto latte caldo con schiuma e zucchero) siamo partiti per un fantastico tour insieme al colonnello Biondi, tenente colonnello dell'esercito italiano, che era alla guida del gruppo. Biondi, che vive a Lucca, ha saputo che sarei arrivato e ha organizzato la mia visita. Ha servito con l'esercito italiano in Afghanistan. Ho scambiato qualche e-mail con lui prima della visita e gli ho raccontato delle battaglie che avevo affrontato e dei luoghi in cui avevamo combattuto.

La nostra prima tappa è stata un bellissimo edificio storico a Pietrasanta, che era stato sede del quartier generale di tanto in tanto nel settembre e ottobre 1944. Il sindaco della città ha omaggiato me e le mie figlie di molti doni e io, in cambio, gli ho dato una copia firmata del mio libro. La cerimonia è stata bellissima. Il sindaco indossava una fascia italiana sul petto e disse una parola che avremmo poi sentito echeggiare più e più volte nelle nostre visite: "Grazie. Grazie. Grazie". Era presente un traduttore per la mia famiglia. Insieme abbiamo ascoltato un portavoce che ha elencato a tutti quello che i Buffalo Soldiers avevano fatto per gli italiani. Ha raccontato la mia storia militare e il mio background come uomo d'affari afroamericano di successo e ha menzionato ciò che era successo ai coraggiosi soldati neri quando sono tornati negli Stati Uniti. Secondo mia figlia Kathi, la nostra padrona di casa, Mattea, ha chiesto: "Cosa sono le leggi Jim Crow?" Gli italiani erano davvero rattristati dal fatto che i soldati neri che li avevano liberati fossero tornati in America come cittadini di seconda classe. Questa è la reazione che poi tutte le persone ci hanno in ogni città d'Italia.

Prima di lasciare Pietrasanta ci fermammo di fronte ad una bella statua di marmo bianco di Sadao Munemori con in mano il suo fucile, che era stata eretta pochi anni prima per commemorare il soldato nippo-americano del 100° battaglione, 442° reggimento di fanteria. Munemori fu ucciso in azione il 5 aprile 1945 mentre il nostro esercito assaltava la Linea Gotica. Per la sua azione eroica è stato insignito della medaglia d'onore. Munemori, come me, era di Los Angeles.

Abbiamo lasciato Pietrasanta in una colonna di jeep e altri veicoli guidando per qualche chilometro fino alla costa, dove il canale del Cinquale sfocia nel mar Ligure. In quel punto un solido pezzo di marmo bianco si erge a segnare il punto più occidentale della famosa Linea Gotica. Come già detto in precedenza, sono stato ferito il 9 aprile 1945 dopo essere stato spazzato via dal fuoco di mortaio, attraverso la porta di una grande villa. Questo avvenne proprio dopo aver attraversato quel canale in un luogo molto vicino a dove ora si trova il monumento. Mi è stata assegnata la medaglia Purple Heart per la ferita che ho riportato. Un nuovo monumento alla Linea Gotica, di un uomo, una donna e un bambino in marmo bianco, è stato eretto sull'autostrada che attraversa il canale del Cinquale.

Gli italiani sono molto interessati alla Linea Gotica. Questa fortificazione fu costruita su ordine tedesco, e serviva a separare l'Italia fascista (allora comandata da Mussolini) dall'Italia che si era unita agli eserciti alleati. Se gli eserciti alleati fossero riusciti a sfondare l'intera Linea Gotica, l'ultima linea di difesa in Italia, si sarebbero avvicinati alla Germania meridionale.

A mezzogiorno di giovedì 13 settembre, la nostra carovana si diresse verso Viareggio, una città che si trova sulla costa, pochi chilometri a sud del canale del Cinquale. A Viareggio siamo stati ospitati dall'Hotel Principe di Piemonte. Durante la guerra, l'hotel era il quartier generale della nostra 92° division di fanteria. La direzione dell'hotel mi ha omaggiato di un bellissimo buffet e scattato anche delle foto col direttore. Le jeep statunitensi della Seconda guerra mondiale, con le loro estremità frontali squadrate e le cime di tela, erano parcheggiate di fronte all'hotel. La jeep verde era un cavallo di battaglia della Seconda guerra mondiale, utilizzata per trasportare truppe, armi e soldati feriti. Avevano speciali fari oscuranti per i convogli che potevano inclinarsi verso l'alto per illuminare il vano motore.

Mi chiesero di sfilare davanti a una squadra di rievocatori vestiti da soldati con le uniformi della Seconda guerra mondiale di fronte all'edificio dove il generale Edward M. Almond, comandante generale della seconda divisione di fanteria novanta, distribuì le onorificenze durante la guerra. Che giornata incredibile aveva organizzato il colonnello Biondi! Una troupe italiana ha anche filmato quel memorabile momento.

È stato proprio del colonnello Biondi l'idea della copertina del mio libro Black Warriors: I Buffalo Soldiers e la Liberazione dell'Italia lungo la Linea Gotica che mostra il generale Almond che ispeziona le truppe della 92° divisione di fronte all'hotel. Ricordo che fermarono il traffico per permettere a me, le jeep e le truppe di fermarci di fronte al quell'hotel a cinque stelle. I cittadini di Viareggio si chiedevano cosa stesse succedendo e le persone ai piani alti delle abitazioni guardavano fuori dalle finestre la teatrale scena sottostante. Ad un certo punto, i mezzo a tutto questo corteo, apparvero due donne che erano state in Italia durante la Seconda guerra mondiale.

Non si presentarono, ma riconobbero le jeep e le uniformi americane; una di loro aveva sposato un soldato americano e iniziò a parlare di tutto quello che aveva vissuto in quegli anni. Suo marito era deceduto. L'altra donna aveva novant'anni ed era su una sedia a rotelle, accompagnata dalla sua badante. Anche lei ricordò quei giorni terribili e ringraziò me e tutti i Buffalo Soldiers che avevano restituito la libertà a lei e tutti i suoi compatrioti.

L'evento finale della giornata è stata una cena a buffet e un musical. Il tutto fu offerto da un ricco uomo d'affari americano, Bill Furman. Furman ha recentemente acquistato Villa Salvi nella città medievale di Barga, sulle montagne appenniniche. Il mio battaglione entrò per la prima volta a Barga nel settembre 1944 e il nostro quartier generale fu stabilito lì due mesi dopo. Barga era anche il quartier generale di un grande gruppo partigiano italiano che ha combattuto con noi e ci ha dato preziose informazioni sul nemico. Appena a nord di Barga, in cima a una collina, si trova il villaggio di Sommocolonia, il luogo dell'imponente posizione del tenente John Fox. Questa comunità ricorda ancora il suo coraggio nel chiamare l'artiglieria sulla sua posizione il 26 dicembre 1944.

Furman trascorre alcuni giorni ogni anno a Barga. Per l'appunto si trovava da quelle parti quando seppe che anch'io sarei stato lì e così decise di organizzare una festa. Decise di seguire tutto quello che avremmo fatto nei due giorni successivi, e io fui davvero felice di poterlo ringraziare con una copia autografata del mio libro.

Venerdì mattina, il 14 settembre, tornammo a Barga. Mentre guidavamo e poi camminavamo per la città, vedemmo dei manifesti lungo la strada che davano il benvenuto al ritorno del Buffalo Soldier. In questi poster, scritti sia in inglese che italiano, c'era la mia foto. Nelle camere del consiglio comunale di Barga, il sindaco tenne un discorso lodando le azioni dei Buffalo Soldiers. Il colonnello Biondi mi presentò e raccontò della mia carriera militare, descrivendo ogni medaglia che indossavo e le mie attività nel mondo civile dopo la guerra. Mi consegnarono una bellissima incisione della medievale Barga, ringraziandomi per il mio servizio. Con l'aiuto di un interprete, parlai brevemente e consegnai delle copie autografate del mio libro al sindaco e ad un altro alto funzionario. Nel mio discorso ricordo che dissi di non aver visto molto di Barga alla luce del sole perché durante la guerra ci spostavamo attraverso la città sempre dopo il tramonto. In questo modo evitavamo di essere visti dai tedeschi. Dopo la cerimonia uscimmo sul balcone del municipio e ammirammo la valle tra Barga e Sommocolonia.

Sommocolonia era la nostra tappa successiva. Guidammo fino a quel borgo in cima alla montagna. Poi camminammo brevemente fino alla torre distrutta usata dal tenente Fox come punto di osservazione. Abbiamo deposto una corona di fiori sul luogo che ora è dedicato anche alle vittime dell'attacco terroristico dell'11 settembre negli Stati Uniti. È stato davvero sorprendente apprendere che la tragedia della guerra e di quella catastrofe siano ricordate insieme in questo piccolo borgo italiano. Ci furono discorsi da parte di funzionari ai quali, naturalmente, risposi.

Mia figlia Kathi ha scritto così di Sommocolonia:

"È uno dei miei posti preferiti, in cima alle montagne italiane. Il padrone di casa si chiese se mio padre sarebbe riuscito ad arrivare in cima. Sapevo che ci poteva riuscire ma ero preoccupata per me e mio marito James. Il piccolo borgo oggi ha solo una trentina di abitanti. La cerimonia si è svolta nei resti di un castello che sorgeva sulla cima della montagna. Questo posto è speciale perché è dove il tenente John Fox ha incontrato la morte quando chiamò l'artiglieria a sparare sulla sua posizione al fine di fermare l'offensiva tedesca il giorno dopo Natale del 1944. A quanto pare, molte persone pensavano che Sommocolonia fosse un posto sicuro durante la guerra e vi mandarono i loro figli. Si sbagliavano. Abbiamo scalato il sentiero ripido fino alla cima della montagna. C'erano molte bandiere americane e italiane che si muovevano al vento. I soldati alpini erano sull'attenti con i loro cappelli verdi alla Robin Hood. Ci dissero che non avrebbero mai smesso di inchinarsi ed omaggiare per sempre il coraggio dei Buffalo Soldiers contro cui hanno combattuto. (I soldati alpini italiani combatterono con i tedeschi durante la guerra).

In questa piccola comunità, su una ripida strada di ciottoli, c'era una porta di legno con i segni di due proiettili di artiglieria su entrambi i lati. Questo è l'ingresso di un museo dedicato ai soldati della Seconda guerra mondiale All'interno, i residenti hanno raccolto dalle montagne italiane tutto ciò hanno trovato sul campi di battaglia. Questo piccolo museo annovera armi americane, italiane e tedesche, uniformi, libri e munizioni. Ci sono anche album fotografici del tenente Fox e della sua famiglia. Mia figlia disse che furono molto orgogliosi ad aggiungere il libro di papà alla loro collezione. I residenti cucinarono un delizioso pranzo con antipasti, pasta e carne di maiale. Il programma includeva un discorso di una cittadina che aveva scritto un libro sulla guerra. Col tempo era diventata un'amica intima della vedova e della figlia del tenente Fox.

Avevamo ancora un'attività importante quella sera a Villa La Dogana. Mia figlia Kathi, che era ospite alla cena, desidera condividere la sua versione della cena qui.

Papà è stato nominato cavaliere! Lo hanno nominato membro del Sacro Militare Ordine Constantiniano di San Giorgio nella Delegazione Toscana. La nostra padrona di casa, Mattea Piazzesi, aveva apparecchiato un lungo tavolo regale nella grande sala della villa. Tovaglie in pizzo di Battenburg, porcellane pregiate, posate in argento sterling, bicchieri di cristallo e tante candele coprivano i tavoli. Papà si sedette a capotavola e la grande sala era molto illuminata. Fu servita una deliziosa cena formale di cinque portate, a partire da una zuppa di fagioli toscani, due tipi di pasta, arrosto di maiale a fette sottili con patate arrosto e gelato per dessert. Mi ha ricordato tutti i film classici italiani. Dopo cena, il colonnello Biondi ha regalato a papà una splendida medaglia d'oro incorniciata in una targa. Che bella, bellissima serata abbiamo trascorso quella giorno!".

È stato un grande onore per me.

Sabato mattina, il 15 settembre, ci portarono a Bagni di Lucca, un'altra città liberata dal mio reggimento. Lungo la strada ci fermammo ad un raduno stradale di un'altra organizzazione coinvolta con l'Associazione Linea Gotica e prendemmo un caffè e una pezzo di torta. Ricordo che strinsi la mano a molte persone che erano davvero felici di incontrare questo Buffalo Soldier. Giunti a Bagni di Lucca, il sindaco ci accolse e ci accompagnò al municipio, dove si sono scambiati discorsi e doni. Il mio regalo al sindaco fu una copia autografata del mio libro. Mi omaggiarono anche di una scatola molto grande che conteneva un presepe intagliato a mano, che era una specialità di quella città. Il bellissimo set fu spedito nella mia casa di Los Angeles poco prima di Natale. Lo allestisco ogni anno in onore della meravigliosa popolazione di Bagni di Lucca. Dopo il nostro incontro in municipio insieme al sindaco, i suoi funzionari e i miei "soldati" di scorta camminammo per la città, accolti da folle di persone. Gli americani e gli italiani erano dappertutto.

Dal municipio di Bagni di Lucca, ci portarono allo stabilimento balneare più famoso della città per un'altra presentazione e una cerimonia. Lo stabilimento balneare in stucco bianco è costruito in una montagna verdeggiante che contiene sorgenti termali. Qui mi fu consegnato un accappatoio bianco della mia taglia e ci servirono un gustoso pranzo, che terminò con un caffè. Bagni di Lucca è famosa non solo per i suoi presepi ma anche per le sue terme naturali. La nostra ultima tappa in città fu stata il cimitero inglese. La sorella del presidente americano Grover Cleveland è sepolta lì. Morì nel 1918 a Bagni di Lucca, cercando di aiutare le persone durante la grande influenza spagnola.

Quella sera Mattea Piazzesi e suo marito, Marco Landucci, ospitarono una grande festa nel parco di Villa La Dogana. Le tende e le attrezzature dell'esercito della Seconda guerra mondiale erano ovunque. Tante persone ballavano. Erano presenti tutti i rievocatori che avevo visto dal mio arrivo in villa. C'erano le infermiere, il corpo femminile dell'esercito (WACS) e soldati vestiti con uniformi americane della Seconda guerra mondiale. Altri erano vestiti con uniformi tedesche e alpine. Che grande momento è stato. All'accoglienza, così come ai miei cortei in molte città e borghi, sono sono stati presentila moglie e i tre figli del colonnello Biondi, insieme ai figli di altri. Mi ritirai verso le undici ma la musica e i balli continuarono fino a tarda notte.

Domenica 16 settembre Mattea e Marco, insieme al figlio Lodovico e all'amica Marta, accompagnarono me e la mia famiglia con le loro due auto a circa 80 chilometri da Lucca, al cimitero americano di Firenze. Il cimitero si trova a Falciani, in Italia, sulle dolci colline toscane. Ogni tomba ha una croce di marmo bianco o una Stella di Davide, il nome del soldato, la sua data di morte, la sua unità e lo stato da cui proveniva. Questo cimitero annovera 4.398 membri delle forze armate statunitensi uccisi nelle battaglie del nord Italia. C'è una parete commemorativa che elenca 1.409 persone scomparse in azione. Facendo un conto il più verosimile possibile, includendo anche il 366° reggimento di fanteria, ci sono circa quattrocento Buffalo Soldiers afroamericani sepolti in quel cimitero. È uno luogo molto bello e solenne.

Il sovrintendente del cimitero è un sergente afroamericano in pensione dall'esercito americano, John Luncheon. Insieme a mio figlio Ivan A. Houston lo avevo incontrato nel 2002 quando visitammo il cimitero con un gruppo dell'arcidiocesi cattolica di Los Angeles. La domenica è il suo giorno libero ma quando ha saputo della mia visita, ha deciso di essere presente. Ci mostrò le tombe di James E. Reed, Barry Seixus, Jesse Jarman, Hugh Portee, George Gray e Lester Lightfoot, tutti uomini che ho conosciuto e menzionato nel mio libro. La grande parete commemorativa del cimitero, realizzata in marmo e piastrelle di mosaico, mostra le battaglie e le campagne che hanno avuto luogo nel nord Italia durante la Seconda guerra mondiale. Le azioni della 92° divisione di fanteria sono mostrate in frecce intrise delle insegne di bufalo. In nessun altro posto al mondo i Buffalo Soldiers sono commemorati come lo sono in questo cimitero. Autografai un libro per John Luncheon. Le persone che visitavano il cimitero gli facevano molte domande sui soldati sepolti lì, e gli fu chiesto del primo Buffalo Soldier ucciso in Italia. Ora aveva la risposta: il sergente maggiore James E. Reed, compagnia I, 370° reggimento di fanteria è stato il primo soldato di fanteria nera ucciso in Europa, il 24 agosto 1944.

Ho sempre pensato che il cimitero americano inglese avesse il maggior numero di soldati di fanteria afroamericani di qualsiasi altro cimitero al mondo.

La mia ultima tappa di questo viaggio si è svolta domenica pomeriggio presso la piccola comunità di Aquileia e la città di Borgo a Mozzano. Siamo andati ad Aquileia con i veicoli dell'esercito della Seconda guerra mondiale e ancora una volta siamo stati accolti con grande entusiasmo. Ci servirono caffè e torte e scattammo molte foto. C'erano articoli di giornale sulla mia visita erano sparsi sui tavoli perché tutti potessero vederli. Il fatto che fossi lì sembrava davvero di grande interesse per la gente del luogo. Dopo aver visitato Aquileia, andammo a Borgo a Mozzano, una città dove ci sono ancora resti della Linea Gotica. Anche se era domenica, ci incontrammo nelle camere del consiglio comunale. L'assistente del sindaco tenne un discorso e mi consegnò una targa che commemorava la mia visita, realizzata da una delle organizzazioni della Linea Gotica.

Insieme a mia figlia Kathi e suo marito James lasciammo Villa La Dogana il 17 settembre e tornammo a Los Angeles dopo aver trascorso tre giorni a Roma. Pam, l'altra mia figlia, insieme a suo marito Paul, rimasero nella villa per un'altra settimana.

Mentre ero nella villa, mi consegnaronouna lettera scritta da uno dei rievocatori che si chiamava Flavio. Ero così occupato che non riuscì ad aprirla fino al mio ritorno a casa, quando la trovai tra tutti i meravigliosi regali che mi erano stati dati. Pensai alla mia visita alla villa e a quelle città e borghi in Toscana. La gratitudine della gente che mi salutava era stata travolgente. E ne rimanevo sempre meravigliato. Poi aprii e lessi la lettera di Flavio. La riporto come è stata scritta.

Al Sig. Ivan J. Houston
"Con immenso piacere"

Signor Ivan, mi sono sentito di scrivere alcune righe per dimostrare l'immenso amore e l'eterna gratitudine che provo verso il popolo americano e in particolare per i Buffalo Soldiers.

Ho quarantacinque anni e non ho vissuto le tragedie e gli orrori della più grande tragedia dell'umanità.

Se, invece, sono un uomo libero e molti altri lo sono come me, non posso che ringraziare voi soldati americani. Siamo stati liberati dagli oppressori grazie al sacrificio di tanti ragazzi che combatterono su ogni fronte, dall'Atlantico al Pacifico, in mare, nell'aria e sulla terra.

Mio padre fin da quando ero bambino mi raccontava sempre che voi "Mori" (che era il nome usato per descrivere i guerrieri neri provenienti dall'Africa fin dal Medioevo) eravate quelli che gli offrirono la cioccolata per la prima volta, ed accadde molto tempo fa, nel settembre 1944. Nella mia mente ho sempre pensato a voi come a dei "giganti buoni". In effetti, voi siete i miei eroi.

Di professione sono un commerciante ma nel mio tempo libero sono un reenactor, un rievocatore storico. Prendete ad esempio un soldato americano, come quelli della prima divisione di fanteria Big Red One. Quando interpreto quel soldato io mi sento davvero tale.

Lo sento sulla mia pelle, perché so nel profondo del mio cuore che qualcuno (come voi) è venuto a salvarci da molto lontano. Così è con "immenso piacere" che vi scrivo, e nella mia vita potrò dire di aver incontrato uno dei "giganti buoni", i miei eroi.

Vi do il mio più caloroso benvenuto, augurandovi un grande soggiorno, e ringraziandovi dal profondo del mio cuore.

Flavio

Questa lettera è riuscita a racchiudere tutto la mia meravigliosa visita e mi ha commosso sapere che tutto quello che avevamo fatto fosse stato così importante. Quando in seguito appresi che la città di Lucca, che avevamo liberato il 5 settembre 1944, celebra ogni anno quella ricorrenza, ero determinato a tornare in Italia e partecipare di nuovo alla commemorazione.

Villa La Dogana

L'arrivo in villa

Quando mi hanno nominato cavaliere al grande banchetto

Durante il grande banchetto con Mattea in villa

Il grande banchetto in Villa, in occasione della mia nomina a cavaliere

Sito della tomba del primo Buffalo Soldier della Seconda
guerra mondiale ucciso in combattimento

Tomba dell'eroico capitano Jesse Jarman

In onore di Sadao Munemori a Pietrasanta

A Viareggio di fronte ai rievocatori della Seconda guerra mondiale

Incontro con i funzionari della città di Barga

Incontro con le autorità cittadine a Pietrasanta

Memoriale al tenente John Fox a Sommocolonia

Il borgo montano di Sommocolonia

Il mio ingresso a Villa La Dogana

Il nuovo monumento alla Linea Gotica nel canale di Cinquale

Sfilata per le vie di Bagni di Lucca

Quando ho ricevuto in dono il presepe a Bagni di Lucca

Piccolo museo di Sommocolonia

Poster di benvenuto a Barga

Con la mia famiglia al monumento della antica Linea Gotica

Con Mattea Piazzesi

CAPITOLO 3

2013

Dopo essere tornato dall'Italia nel 2012, raccontai a tutti della stupenda accoglienza che mi era stata data dagli italiani in Toscana e della mia visita ai luoghi in cui i Buffalo Soldiers avevano combattuto. E ovviamente menzionai anche il cimitero americano di Firenze, dove erano sepolti molti dei nostri soldati. Il mio amico Gordon Cohn, che mi aveva aiutato a scrivere il libro *Black Warriors: I Buffalo Soldiers e la Liberazione dell'Italia lungo la Linea Gotica*, credeva che fosse importante realizzare anche un film documentario sull'argomento: riteneva, infatti, che in questo modo il racconto dei Buffalo Soldiers che avevano liberato l'Italia avrebbe raggiunto molte più persone. Abbiamo deciso che il titolo del film documentario sarebbe stato *I Giganti buoni* in onore della frase usata anche nella famosa lettera di Flavio, riportata nel capitolo precedente.

Dopo la mia visita nel 2012, venni a sapere che la città di Lucca celebrava la sua liberazione per mano dei Buffalo Soldiers del mio reggimento, il 370°, ogni anno a settembre. Nel 2012 mi persi quella festa. Avevo già programmato di tornare in

Italia per festeggiare, quindi decidemmo di filmare anche delle parti del documentario nello stesso momento.

Lasciai Los Angeles su un volo Alitalia per Roma il pomeriggio del 5 settembre 2013. Mia figlia Pam, suo marito Paul e mio figlio Ivan erano con me in questa visita come ospiti a Villa La Dogana.

Arrivammo a Roma il giorno dopo e, dopo una sosta, volammo da Roma a Pisa. Mentre eravamo all'aeroporto di Roma, incontrammo Dennis McCoy, padre di Dan McCoy, il sound producer del documentario che avevamo iniziato a filmare. Si basava sugli eventi che si erano verificati dopo il mio ritorno in Italia, a seguito della pubblicazione di *Black Warriors: I Buffalo Soldiers e la Liberazione dell'Italia lungo la Linea Gotica*. Tutti noi, incluso il fotografo Dennis, ci dirigemmo verso la villa.

Arrivammo all'aeroporto internazionale di Pisa in meno di un'ora e di nuovo ci accolsero Mattea Piazzesi, suo marito Marco Landucci, il figlio, Lodovico e l'amica Marta Bertani. Pam e Paul avevano preso a noleggio una Fiat blu all'aeroporto e con quella ci dirigemmo subito alla villa. Lungo la strada, Mattea ci fece passare da Ripafratta, un piccolo borgo vicino alla villa e che era stato il luogo di una feroce battaglia in cui fu coinvolto il mio reggimento dopo aver attraversato il fiume Arno il 1° settembre 1944. Quel giorno del 2013 era tutto molto tranquillo e silenzioso. In una giornata come quella era difficile immaginarsi che sessantanove anni prima i carri armati stessero rimbombando per le strade, mentre la fanteria e l'artiglieria calpestavano i ciottoli. Presto arrivammo alla villa e mi assegnarono la stessa stanza che avevo occupato nel 2012. La mia stanza si chiamava Magnolia, segnalata da una magnolia artificiale (molto realistica) appesa alla porta. La camera era molto grande, con un letto king-size e altra mobilia. C'era un bagno separato, posto sul corridoio esterno all'ingresso della camera.

All'esterno della villa i rievocatori della Seconda guerra mondiale avevano allestito il campo su un grosso apprezzamento di terreno. Veicoli, jeep e carri armati della Seconda guerra mondiale, tende, pistole e persone erano ovunque. I rievocatori cercano sempre di avere attrezzature e vestiti attinenti al periodo che desiderano commemorare, e in questo modo aiutano a mantenere viva la storia. La villa è piuttosto grande, è composta da tre piani ma, tuttavia, solo i prime due erano adibiti a bed&breakfast. La villa si estende per alcuni ettari di verde, tra cui spicca un albero di magnolia molto grande.

Sabato 7 settembre, si unirono a noi gli altri membri del team per il documentario: regista, produttore, addetto al suono Dan McCoy e la troupe televisiva di Guido Frenzel e Rod Hassler. Presto ci raggiunsero anche altri membri della produzione e della troupe cinematografica. Il compito del team era di seguirmi in giro catturando i momenti salienti della mia visita. Più tardi, si sarebbero aggiunti anche Sarah Craddock Morrison, consigliere generale degli Stati Uniti residente a Firenze, e alcuni membri del suo staff. Il consigliere generale Morrison era stato contattato dalla una sua cara amica e produttrice associata del documentario chiamata Giulia Scarpa. Giulia è una professoressa dell'Università di Bologna e una traduttrice eccezionale (in inglese, francese e italiano). Ha passato molto tempo con me durante il mio soggiorno e tradotto (apparentemente senza sforzo) i monologhi tecnici con funzionari italiani che avevano sempre qualcosa di interessante da dire. Quando Giulia non era presente, Mattea interveniva come traduttrice. È stato bello lavorare con queste donne meravigliose.

Visitai gli accampamenti dei rievocatori sul grande terreno della villa con il consigliere generale Morrison. L'accampamento era ancora più grande dell'anno precedente per la mia prima visita. Le jeep della Seconda guerra mondiale erano in ottime condizioni e ho dovuto firmarne diverse sul cofano. Ho anche firmato degli elmi della Seconda guerra mondiale e persino su capi di vestiario. Nessuno di loro si era dimenticato che ero stato proprio io uno dei presenti nei combattimenti che liberarono la villa sessantanove anni prima. Alcuni dei rievocatori erano vestiti da soldati tedeschi, imbracciavano armi tedesche e bivaccavano persino sul terreno della villa in tende da campo tedesche. Altri rievocatori erano vestiti come quegli italiani che combattevano dalla parte dei fascisti, e alcuni indossavano i cappelli a punta come quelli dei soldati alpini che combattevano anche per i fascisti. Qui si stavano divertendo tutti insieme e tutti volevano scattarsi una foto con me. Il consigliere generale Morrison parlò con ogni gruppo e apprezzò molto la visita. Quella serata si è conclusa con una grande festa con una band che suonava musica degli anni '40 e gente che ballava nel patio della villa.

Domenica 8 settembre era stato il giorno che stavo aspettando. Quell'anno sarei stato in testa alle jeep con i rievocatori italiani vestiti da soldati americani della Seconda guerra mondiale mentre entravamo in città. Mattea era nella mia jeep, vestita con l'uniforme di un capitano Buffalo. Anche Ousmane, un rievocatore afro-italiano, era nella mia jeep a maneggiare una mitragliatrice montata. Che onore! Durante la Seconda guerra mondiale Lucca fu liberata dal 2° battaglione della 370° squadra di combattimento la mattina del 5 settembre 1944. Il capitano Charles Gandy della compagnia F guidò i Buffalo Soldiers attraverso le porte di questa antica città fortificata.

Il giorno dopo, mentre ero nella città di Lucca, mi consegnarono il libro *History of Lucca* dello storico britannico e artigliere della Seconda guerra mondiale John Jones sulla storia di Lucca. Il suo libro descrive Lucca quando Annibale di Cartagine attraversò le Alpi con i suoi elefanti intorno al 218 a.C. Le forze di Annibale sconfissero un esercito romano, che si ritirò a Lucca. Il libro parla anche dell'incontro a Lucca nel 57 a.C. tra Giulio Cesare, Pompeo Magno e Crasso per dividere l'Impero Romano. Jones scrive anche dell'amata sorella di Napoleone, Elisa, che governò la città nei primi anni del 1800. Il suo libro si conclude con il commovente racconto della liberazione finale di Lucca da parte del mio reggimento di Buffalo Soldiers.

Il 370° reggimento di fanteria attraversò il fiume Arno il 1° settembre. Il nostro obiettivo principale era quello di catturare la città di Lucca. La sera del 2 settembre, le nostre truppe, insieme a carri armati ed ingegneri, riuscirono a conquistare il Monte Pisano battendo la 65° divisione granatieri tedesca. Ci spostammo attraverso i borghi e le frazioni di Lugnano, Uliveto, Caprona e Asciano, tutti sul lato nord del fiume, ad est di Pisa. Il capitano Jarman, della compagnia I, insieme al capitano Brown, della L, si mosse rapidamente verso San Giuliano per stabilire un perimetro di difesa attorno ai suoi bordi. La nostra missione, però, improvvisamente cambiò. Decisero che avremmo dovuto attaccare piuttosto che difenderci. Le compagnie I e L si mossero rapidamente, entrambe con carri armati leggeri e medi in testa. Eravamo intenzionati ad arrivare a Lucca.

Mentre il nostro attacco avanzava, il nostro battaglione fu colpito da tremendi sbarramenti di artiglieria, ricevemmo più di cinquecento colpi. Il quartier generale del reggimento ordinò al terzo battaglione di catturare la quattrocentesca Villa Orsini (ora Villa La Dogana) e il borgo di Cerasomma.

Raggiungemmo entrambi questi obiettivi nel nostro viaggio verso Lucca, il 4 settembre.

Il 5 settembre 1944 Lucca fu poi liberata. La compagnia F, comandata dal capitano Charles Gandy, entrò in città stabilendo un posto di comando reggimentale in uno degli hotel del posto.

Solo di recente ho scoperto cosa è successo ai residenti all'interno della città di Lucca mentre i combattimenti infuriavano fuori dalle sue mura.

La dott.ssa Janna Merrick, professoressa della School of Interdisciplinary Global Studies presso l'Università del Sud della Florida, visita Lucca ogni anno. Dopo aver letto *Black Warriors: I Buffalo Soldiers e la Liberazione dell'Italia lungo la Linea Gotica,* mi ha raccontato di aver incontrato un'anziana signora italiana che era stata una giovane donna nel 1944, quando stavamo combattendo per catturare Lucca dai tedeschi. Si chiamava Liliana e si era nascosta all'interno di quelle mura: era affamata, stanca e, naturalmente, spaventata. Ad un tratto si addormentò. Al suo risveglio trovò un giovane soldato nero della nostra unità, che tentava di strattonarla. Attraverso un interprete, il soldato le disse: "Ora sei al sicuro. Sono arrivati gli americani! Abbiamo del cibo per voi!". Dicendo così la condusse fuori dal suo nascondiglio nelle mura...per condurla in una Lucca finalmente liberata!

La prof.ssa Merrick ha visitato Lucca nel 2017. Questa volta, portò con sé una lettera e delle foto per me da parte di Liliana e registrò anche i momenti salienti di quella mia visita. La prof.ssa Merrick scrisse che anche a novantasei anni, Liliana ricordava la liberazione come se fosse avvenuta il giorno prima. Disse che il giorno dopo che i Buffalo Soldiers liberarono Lucca, lei e altri cittadini ballarono per le strade con i soldati della nostra unità. Nel video della dottoressa Merrick, Liliana era commossa e grata che i soldati della mia unità, ed io in prima persona, avessimo salvato la sua vita e quelle dei suoi amici e familiari. Liliana sapeva che nel salvarle la vita, molti dei nostri soldati americani avevano perso la propria. Come dicevano gli italiani: "Gli americani ci hanno dato il frutto più dolce dell'albero: ci hanno reso la vita e la libertà, ma il prezzo da loro pagato è stato altissimo. Gli americani, perdendo le loro vite, ci hanno reso le nostre".

Io non entrai direttamente a Lucca, poiché facevo parte della 370° fanteria. Dopo aver liberato Villa Orsini e il borgo di Cerasomma, il mio battaglione (il terzo) raggiunse la porta occidentale della città. In quell'occasione ricordo di aver ammirato quelle incredibili mura. Ora, sessantanove anni dopo, mi trovavo ad entrare da Porta San Pietro a Lucca con i rievocatori. In quelle stradine antiche ci accolsero tante e tante persone. Viaggiavamo in direzione del *Cortile degli Svizzeri*. Non è una piazza perché si trova all'interno del *Palazzo Ducale* ed è stato nominato così perché i soldati pagati dalla Repubblica di Lucca nel XVII secolo avevano la loro caserma sul lato meridionale di quel *cortile*. I mercenari erano le *Guardie Svizzere*, quelle che proteggevano il Papa.

Dopo essere entrati a Lucca, i veicoli dei rievocatori furono parcheggiati nel cortile di Piazza Napoleone. Un gran numero di residenti e turisti venne a vedere i veicoli, i rievocatori e a parlare con me. Tutti avevano una storia da raccontare sulla Seconda guerra mondiale. Quelle storie erano state tramandate da nonni e genitori. Ricordo che fu una meravigliosa giornata, passata ad autografare veicoli e capi di abbigliamento. Mi sono davvero sentito onorato del fatto che ci fossero così tante persone che stessero ancora celebrando la liberazione di Lucca da parte dei Buffalo Soldiers e che desiderassero celebrare ancora quella ricorrenza. Non ci fu alcuna rievocazione di combattimenti perché quando liberammo Lucca, i tedeschi se ne erano già andati. I combattimenti si svolsero al di fuori delle mura di Lucca.

Quando lasciammo il cortile, tutti noi, compresi i rievocatori, andammo a pranzo all'Angeli Bar Ristorante Pizzeria, un ristorante fuori le mura di Lucca. Una cena davvero deliziosa, la pasta poi era buonissima.

Il 9 settembre tornammo a Palazzo Ducale per un incontro con il Presidente della provincia (di Lucca) e altri funzionari. Eravamo in una grande sala con un soffitto alto e dei bellissimi affreschi sulle pareti. La sala si affacciava su una delle più importanti piazze della città e da una delle finestre, Mattea ci mostrò il bar che lei e suo marito Marco gestivano prima di trasferirsi nella villa. C'era anche John Luncheon, il sovrintendente del cimitero americano di Firenze. I funzionari di Lucca mi regalarono libri, targhe e medaglie. In particolare, c'era una medaglia commemorativa del 150° anniversario dell'Unità d'Italia che fu consegnata solo a me ed altre quattro persone.

Nei primi mesi del 2013 Mattea Piazzesi aveva iniziato a tradurre il mio libro *Black Warriors: The Buffalo Soldiers of World War II* in italiano. Lavorammo fianco a fianco facendo dei grandi progressi. In seguito Mattea contattò Francesca Fazzi, la proprietaria della casa editrice lucchese chiamata Maria Pacini Fazzi. Fazzi decise di pubblicare il mio libro in italiano contattando Giulia Larturo dal dipartimento di lingue dell'Università di Pisa per la traduzione. Incontrai per la prima volta Francesca Fazzi e Giulia Larturo in occasione dell'incontro nel Palazzo Ducale il 9 settembre. Parlammo insieme della traduzione del mio libro dall'inglese all'italiano.

Più tardi, il 9 settembre, a Villa La Dogana, incontrai il figlio e la vedova dell'artista Bruno Tintori. Erano Roberto Tintori e sua madre Irma. Io e mia moglie Philippa incontrammo in passato Bruno Tintori mentre passeggiavamo sul lungomare durante la nostra visita a Viareggio nel 1978. Capì subito che ero un Buffalo Soldier quando gli raccontai in italiano che ero stato lì a Viareggio nel 1944 e nel 1945. Iniziò ad abbracciarmi e baciarmi. Poi mi raccontò di essere stato uno dei partigiani che ci aveva aiutato a portare le famose munizioni in montagna. Fu un incontro davvero molto emozionante. Ci recammo nel bar accanto a condividere storie e aneddoti sorseggiando grappa, la liquore tipico italiano. Ho parlato di lui nelle pagine finali del mio libro *Black Warriors: I Buffalo Soldiers e la Liberazione dell'Italia lungo la Linea Gotica*.

La famiglia Tintori mi regalò un dipinto paesaggistico del defunto artista e partigiano. Erano molto contenti che avessi parlato di lui nel mio libro. Bruno Tintori è stato un personaggio indimenticabile. Molte star del cinema italiano erano stati i suoi clienti, tanto da esser stato definito "l'artista delle stelle". La vedova Tintori non voleva essere intervistata, ma una volta iniziato a parlare sembrava non riuscire a smettere...che donna meravigliosa.

Le ultime due persone che incontrai alla villa il 9 settembre erano due membri della famiglia Orsini. Villa La Dogana fu chiamata Villa Orsini quando la catturammo nel settembre 1944. In quel momento eravamo in visita con due membri superstiti della famiglia che l'aveva costruita nel XV secolo. La giovane donna, Alessandra Orsini, e suo zio Paolo Orsini erano sono stati molto gentili. Furono intervistati dagli operatori del nostro team che stava realizzando il documentario. Il padre di Alessandra Orsini viveva nella villa quando i Buffalo Soldiers del mio battaglione arrivarono durante la Seconda guerra mondiale. A quanto pare, la villa era stata una sorta di quartier generale per l'esercito tedesco prima che la catturassimo noi.

Martedì 10 settembre, la troupe cinematografica iniziò a filmarmi mentre camminavo lungo il fiume Serchio, che scorre dietro Villa La Dogana. Insieme ai miei figli Pam e Ivan A. dovevamo passeggiare lungo la riva del fiume mentre parlavamo, immaginandoci la situazione che i Buffalo si erano trovati di fronte anni prima, quando il mio reggimento attraversò più e più volte quel fiume. A quanto ricordo, nel settembre 1944 il fiume era piuttosto alto a causa delle recenti piogge, e uno dei Buffalo Soldiers annegò durante la traversata. Mia figlia non voleva che le ricordassi quante volte ci avevano colpito con ogni tipo di arma mentre combattevamo lungo il fiume Serchio. C'era un binario ferroviario nelle vicinanze di dove passeggiavamo e di tanto in tanto passava un treno. Il rumore del treno mi ricordò che mio padre, un ufficiale di artiglieria della 92° divisione della Prima guerra mondiale, mi disse che i proiettili di artiglieria avevano lo stesso suono di un treno merci. Aveva ragione.

Quel pomeriggio ci dirigemmo a sud oltre il fiume Arno, cercando di trovare Villa Remaggi, un vasto complesso agricolo che fu il posto di comando del mio battaglione quando entrammo in combattimento la notte del 23 agosto 1944. Cercai invano la torre che era stata un avamposto presidiato dagli osservatori in avanscoperta del terzo battaglione. Tante cose erano cambiate dal 1944, e non fui in grado di identificare Villa Remaggi. I tedeschi bombardarono uno dei nostri avamposti nei pressi di Villa Remaggi di notte, subito dopo l'entrata in combattimento, ferendo diversi dei nostri soldati. Ricordo di essere uscito di notte e di aver camminato attraverso campi di colmi di uva matura. Uscivamo di notte per evitare di essere visti e colpiti dai tedeschi.

Attraversammo di nuovo il fiume Arno e camminammo lungo il lato nord, cercando di determinare dove il mio battaglione lo avesse attraversato nel 1944. Il ponte che avevamo superato si trovava nello stesso luogo in cui gli ingegneri dell'esercito avevano costruito un ponte Bailey per far attraversare i veicoli nel 1944. C'era anche una foto in un ristorante vicino che mostrava il vecchio ponte con veicoli dell'esercito che lo attraversarono nel 1944. Le rive del fiume Arno non hanno oggi l'aspetto che avevano nel 1944. Nel 1944 non c'era del verde lungo il fiume, quel giorno invece le rive erano ricoperte da una grande vegetazione. Tornammo a Villa La Dogana, ancora una volta passando per Ripafratta, il piccolo borgo che fu teatro di feroci combattimenti quando il nostro reggimento e i carri armati della prima divisione corazzata si facevano strada verso Lucca.

Mercoledì 11 settembre, guidammo il più vicino possibile alle colline X, Y e Z. Queste colline sono rimaste simili a come erano durante le nostre terribili battaglie nel 1944 e nel 1945. Molti ufficiali neri e uomini arruolati furono uccisi o feriti combattendo in quei luoghi. Durante i combattimenti, pochissima vegetazione copriva le colline X, Y e Z. In quel momento invece ce n'era parecchia. Sembrava come se fosse un luogo pacifico in quel momento. Durante la guerra, al contrario, il solo essere visti nelle vicinanze di quelle colline avrebbe portato il fuoco nemico su quel punto. La cattura di quelle colline senza nome provocò centinaia di vittime. Furono teatro di numerose battaglie e si trovavano nei pressi della cittadina di Strettoia, spesso bersaglio del fuoco di artiglieria.

Ci dirigemmo verso la città di Seravezza e il Monte della Cavalla, dove avevamo subito le nostre peggiori perdite. Riconobbi subito il luogo in cui cercai di prendere le munizioni da Seravezza fino alla cima del Monte della Cavalla. Il percorso verso la cima della montagna sembra lo stesso che avevo percorso quasi settant'anni prima. Quelli di noi che avevano quel carico di munizioni furono fatti saltare dall'artiglieria e dal fuoco delle mitragliatrici. Non riuscimmo ad arrivare in cima alla montagna. Fu una salita ripida e capii perché alcuni dei nostri soldati avessero dovuto usare scale di corda per raggiungere la cima.

Ancora oggi trovo difficile e doloroso per me ricordare come fosse quel luogo quasi settant'anni addietro, con il fuoco delle mitragliatrici che rastrellava la nostra posizione e i proiettili di artiglieria che esplodevano tutt'intorno. Non ho mai avuto gli incubi ma quando penso o parlo di quell'esperienza, le mie mani a volte tremano così tanto che non riesco neanche a scrivere il mio nome.

Dopo la battaglia di Seravezza, il mio battaglione fu chiamato fuori linea e tornammo nella città di Pietrasanta. Sulla strada per Pietrasanta, ci fermammo in un prato tranquillo, in un luogo chiamato l'Argentiera. Sembrava che quello fosse l'unico pezzo di terreno pianeggiante nella montuosa città di Seravezza. Mentre il nostro team per il documentario andava avanti, cercai di scorgere l'Argentiera ma senza successo.

Infine, arrivammo al Palazzo Mediceo, dedicato ai cittadini di Seravezza e al loro coraggio durante la guerra. Il palazzo è un grande edificio a due piani con una serie di sale riunioni. È bianco, con balconi aperti che si affacciano sulle montagne che circondano quella zona. Al Palazzo Mediceo, ci fu un meraviglioso incontro con il sindaco ed alcuni cittadini. Rimasi sinceramente colpito dalle persone che vennero a ringraziarmi per quello che i Buffalo Soldiers avevano fatto per loro durante la guerra. Gli avevamo restituito la libertà. Incontrai anche uno dei partigiani che combatterono con noi in Toscana. Avevamo la stessa età, ottantotto anni. Circa sessantanove anni dopo la battaglia di Seravezza e del Monte della Cavalla parlai con il padre di Ettore Neri, il sindaco di Seravezza. Era un ragazzo di dodici anni durante la guerra. Disse che per giorni dopo la battaglia, insieme ad altri giovani italiani, portarono dei corpi di Buffalo Soldiers giù dal Monte della Cavalla per seppellirli. Stavano facendo il lavoro così in fretta che gli americani dissero loro: "Take it easy! Fate piano!" Ora usano comunemente lo slang *"Takiteasy! Take it easy"* che significa "far piano, con calma".

Pranzammo a Seravezza come ospiti dei sindaci di Seravezza e Stazzema. Dopo pranzo, il sindaco di Stazzema ci portò in quel borgo, che è il luogo tristemente ricordato per il massacro di 560 dei suoi abitanti, tra cui 130 bambini, il 12 agosto 1944. Questo crimine fu commesso dai nazisti e dai fascisti mentre il mio reggimento di Buffalo Soldiers era in Italia, ma non aveva ancora raggiunto la linea del fronte sul fiume Arno. Il massacro avvenne nella chiesa di Sant'Anna e fu oggetto del film del regista Spike Lee *Miracolo a Sant'Anna*. Oggi, la semplice chiesa cinquecentesca è stata ricostruita e si trova di fronte ad un monumento alla Prima guerra mondiale e al toccante museo. Il museo include alcune foto dei Buffalo Soldiers della Seconda guerra mondiale che combattono per liberare quella parte d'Italia.

Giovedì 12 settembre mi recai al monumento della Linea Gotica sul canale del Cinquale, insieme al team per il documentario e Solace Wales, una scrittrice americana che ha una casa a Sommacolonia ed è un esperta del 366° reggimento di fanteria. Io e Solace camminammo su e giù per la spiaggia, parlando di quell'intreccio che era stato il 366° il reggimento, comandato da ufficiali di colore. Subirono pesanti perdite a Sommocolonia nella controffensiva tedesca del 26 dicembre e ulteriori pesanti perdite nell'attacco dall'8 al 10 febbraio sul canale del Cinquale e le colline X, Y e Z. Non riuscimmo mai a contare tutte le vittime. Il 366° fu sciolto e i soldati sopravvissuti divennero truppe di servizio, non più soldati da combattimento perché non c'erano soldati di fanteria nera addestrati al combattimento disponibili come riserve. I soldati bianchi che non erano ufficiali non potevano essere inviati al 366° o qualsiasi reggimento della 92° divisione di fanteria perché sarebbero stati comandati da ufficiali e sottufficiali neri e questo era contro la politica dell'esercito. Certamente non una legge intelligente. Incredibilmente non esistono registri ufficiali delle perdite subite dal 366° reggimento di fanteria, ma più di cento soldati di questo reggimento sono sepolti al cimitero americano di Firenze. Molti altri furono mandati a casa per la sepoltura dopo la guerra.

Un italiano di nome Alberti, che era un adolescente durante la guerra, era presente al monumento del canale del Cinquale e invitò il team del documentario e i rievocatori ad un pranzo nella sua casa di Massa. Il signor Alberti ha un incredibile museo della Seconda guerra mondiale all'interno della sua abitazione, con attrezzature da battaglia tedesche, italiane, britanniche e americane, tutte in ottime condizioni. Durante il pranzo ci raggiunse Fred Kuwornu, un regista italo-africano. Fred ha prodotto il film documentario sulla 92° divisione chiamato *Inside Buffalo*.

Incontrai Fred per la prima volta a Los Angeles nel 2010, dopo la pubblicazione del mio libro. Fred era in tournée e mostrava il suo documentario al pubblico di Los Angeles e San Francisco. A Los Angeles, Fred portò il suo film *Inside Buffalo* e io firmai il libro *Black Warriors: I Buffalo Soldiers e la Liberazione dell'Italia lungo la Linea Gotica* al CAAM, il museo californiano dedicato agli afroamericani, a seguire all'Università del sud della California, e poi alla biblioteca e museo Mamie Clayton. Ripetemmo la presentazione congiunta al Golden Gate Club del Presidio di San Francisco per un incontro patrocinato dall'Istituto Italiano di Cultura. Fred e io organizzammo un incontro a New York per il giorno in cui fui invitato a partecipare ad un programma promosso dalla Black Entertainment Television sul disturbo da stress post-traumatico. Fred viveva a New York in quel periodo.

La sera di venerdì 13 settembre, la nostra amica Marta Bertani di Lucca, ci portò in un edificio con un bel balcone da dove potevamo ammirare la processione per la Festa della Santa Croce. Prima della processione, andammo anche nel Duomo di Lucca, la Cattedrale di San Martino. La cattedrale fu ricostruita in stile gotico nel XIV secolo e ha imponenti colonne alte e un campanile. Sono entrato nella navata destra, che è aperta solo per due festività all'anno nei giorni 3 maggio e 13 settembre. Lì, nella cappella ottagonale, vidi il *Il Volto Santo*. È una statua a grandezza naturale di Gesù Cristo sulla croce. La statua è grande circa due metri e mezzo per due, ma non è questo ciò che mi colpì di più la prima volta che la vidi. Quella volta notai che il volto di Gesù era molto scuro, quasi nero, e questa cosa mi colpì nel profondo. Il crocifisso mostra Cristo vivo e trionfante sulla morte sulla croce. Cristo non è turbato dal dolore o dalla sofferenza. Non avevo mai visto niente di simile e sentivo il desiderio di saperne di più.

Ricordo che quando mi trovavo lì circa settant'anni prima, nel cuore sentivo che fosse un segno il fatto che i soldati neri del mio reggimento liberassero proprio quella città. Ci trovavamo nella peggiore guerra nella storia della civiltà, e per l'appunto un crocifisso di Gesù Cristo nero era custodito nella cattedrale di quella città da oltre mille anni. Non credo che nessuno nella nostra squadra di combattimento reggimentale ne fosse a conoscenza quando la liberammo 1944.

Lasciammo la cattedrale la sera del 13 settembre, seguendo la tradizionale processione del Volto Santo. La processione si chiama Luminaria. Di notte, Lucca è illuminata da migliaia di candele e l'intero centro della città risplende. Coloro che marciavano nella processione provenivano dalle parrocchie della chiesa, dalle organizzazioni ecclesiastiche e dalle organizzazioni comunitarie della regione di Lucca. Una grande immagine del Volto Santo era portata in processione. Dal balcone, abbiamo avuto una vista meravigliosa. Una volta passata la processione, scendemmo dal balcone e ci mescolammo alla folla. Molti portavano candele. Che serata suggestiva!

Uno dei rievocatori, vestito con un'uniforme da Buffalo Soldier, era un africano della Guinea Bissau, un piccolo paese sub-sahariano nell'Africa nord-occidentale. Si chiama Ousmane Dosso. Ha due figli preadolescenti africani ed è sposato con una donna italiana. Sono una bella famiglia. Il 14 settembre, la troupe riprese me ed Ousmane mentre camminavamo in cima alle famose mura di Lucca. Parlammo della sua vita in Italia. Lui mi disse che faceva tre lavori. È un autista per l'ospedale, un imbianchino e un giardiniere. Ousmane mi disse che lavorava molto perché questo era l'unico modo per andare avanti. Mentre camminavamo lungo l'ampia passeggiata in cima alle mura, indicò dove lui e sua moglie si erano sposati e avevano fatto il ricevimento. Ousmane aveva deciso di diventare un rievocatore storico perché suo nonno aveva combattuto per i francesi a Parigi durante la Seconda guerra mondiale. Suo nonno era con le truppe coloniali francesi che combattevano con i soldati statunitensi quando Parigi fu liberata dai tedeschi nel 1944. Giulia Scarpa stava traducendo per Ousmane e me mentre camminavamo sulle mura e, di tanto in tanto, iniziava a parlare in francese. Questo cambio repentino di lingue non causava alcun problema a Giulia poiché è fluente anche in quella lingua. Ousmane diceva che a volte era stato disprezzato dagli italiani ma che lo avevano sempre rispettato perché grande lavoratore.

Non ci soffermammo molto sul fatto che Ousmane fosse stato talvolta disprezzato, purtroppo i neri in una società prevalentemente bianca hanno spesso difficoltà ad essere accettati. Mi dicevano sempre che dovevo essere bravo il doppio in quello che stavo facendo se volevo avere successo in questa società. Questa sfida non scritta probabilmente mi ha seguito per tutta la vita. Sono certo che Ousmane senta di dover lavorare due volte più duramente di un nativo bianco italiano per potercela fare nella vita. Abbiamo finito la nostra passeggiata e chiacchierato lungo le mura di Lucca in una gelateria, dove abbiamo mangiato del buon gelato.

Domenica 15 settembre piovve e ci rilassammo nella villa. Quel pomeriggio venne a farci visita una donna italiana della mia età. Si chiamava Silvana Galli. Rimase incinta di un Buffalo Soldier durante la guerra. Aveva scritto un libro, il cui titolo è *Little Blonde*, piccola bionda. Grazie a Giulia che traduceva, Silvana mi raccontò della sua relazione con il Buffalo Soldier, la nascita del figlio e della sua vita in generale. Durante tutta questa intervista erano presenti suo figlio e sua nipote, la figlia del figlio. Suo figlio sembrava un italiano dalla pelle scura, ma sua nipote era bionda e dalla pelle chiara. Silvana disse che la loro vita era stata molto ricca di avvenimenti, con i suoi alti e bassi come quella di tutti. La nipote parlava di tanto in tanto ma durante l'intera intervista il figlio rimase molto silenzioso. Secondo Silvana, altre ragazze avevano avuto incontri con i Buffalo ma lei era rimasta incinta. Ora possedeva una casa sulla spiaggia e invitò me e la mia famiglia ad essere suoi ospiti.

C'erano diverse migliaia di giovani soldati Buffalo Soldiers afroamericani così come molte giovani donne italiane nelle città e nei paesi che avevamo liberato. Molti dei giovani italiani erano via a combattere la guerra. Ci furono relazioni amorose tra quelle donne e i soldati. La storia di Silvana è una delle tante che ci sono state in quel periodo.

Quando diventai sergente maggiore di battaglione dopo la fine della guerra, mi ricordo di un giovane Buffalo Soldier che aveva messo incinta una giovane ragazza italiana e voleva portarla a casa con lui. Entrarono nel quartier generale del battaglione e capii che volevano stare insieme. Non avevamo procedure per gestire questo tipo di situazioni. Il soldato fu mandato a casa negli Stati Uniti e non so cosa sia successo poi alla ragazza. Ripensandoci adesso spero che siano rimasti in contatto e in qualche modo si siano riuniti.

Lunedì 16 settembre guidammo fino all'Abetone, un municipio del comune Abetone-Cutigliano, sparso sull'Appennino toscano. Durante la guerra, le pattuglie di combattimento del nostro battaglione raggiunsero questo punto brevemente mentre combattevamo lungo la Strada statale 12, una strada montuosa. I tedeschi fecero saltare la maggior parte della strada e gran parte di essa era caduta nel Lima, un piccolo torrente che scorre lungo il percorso. Oggi il fiume scorre pacificamente, senza alcun segno di quello che avvenne durante la guerra.

La famiglia di Mattea Piazzesi ha un ristorante all'Abetone e fu lì che ci fermammo per pranzo. L'Abetone aveva anche una stazione sciistica direttamente di fronte al ristorante. Con i musicisti che suonavano ho ballato con Giulia Scarpa, la nostra illustre traduttrice. Per un certo periodo durante la guerra, l'Abetone fu il quartier generale del feldmaresciallo tedesco

Albert Kesselring. Il suo quartier generale era nel bosco di fronte al ristorante. Venimmo a sapere che l'Abetone era stato occupato dai tedeschi nel 1943 quando il governo italiano spodestò Mussolini e si arrese. Agli italiani che vivevano all'Abetone furono dati solo pochi minuti per fare i bagagli e partire. Imparai molto quel giorno sull'Abetone mentre Mattea ed io venivamo filmati, mentre parlavamo e camminavamo nel bosco. Essere in un ambiente come quello diede a tutti i presenti un'idea sul tipo di terreno su cui avevamo marciato mentre attaccavamo la Linea Gotica.

Il martedì andammo al cimitero americano di Firenze. Feci visita alle tombe di alcuni dei soldati che avevo conosciuto e girammo alcune scene per il documentario. Nell'edificio commemorativo del cimitero sono presenti l'insegna dei Buffalo della 92° divisione di fanteria, in piastrelle di mosaico nero e oro, insieme alle insegne delle altre unità che combatterono nelle battaglie del nord Italia. Tutte queste insegne si trovano vicine al grande murale che fa parte del memoriale del cimitero. Questo enorme murale mostra le battaglie che ebbero luogo nel Nord Italia. Una freccia posta lungo la costa ligure (occidentale), mostra i Buffalo Soldiers della 92° divisione di fanteria che avanzano verso la città di Genova.

Mercoledì 18 settembre ci recammo a Ripafratta per filmare la scena di una delle nostre prime battaglie: il 4 settembre 1944. Lì il terreno era piatto, per questo la fanteria riuscì ad usare i carri armati nell'attacco. Come già menzionato in questo libro, l'ufficiale esecutivo del reggimento, il maggiore Biggs, e molti altri soldati furono uccisi o rimasero feriti in quella battaglia. Durante il combattimento, cercai di stare lontano dai carri armati. La polvere che alzavano e il loro rumore portarono un sacco di fuoco di artiglieria sulla loro posizione. Un soldato di fanteria non riusciva in alcun modo proteggersi in quella situazione.

Sempre in quel giorno, fui intervistato per il documentario. Ero al terzo piano di Villa La Dogana, in una stanza che non veniva utilizzata da più di cento anni. Cercavo di ricordare i dettagli di quando Mattea mi aveva invitato a venirla a trovare alla Villa nel 2012 e alla calorosa accoglienza che i toscani avevano riservato a me e alla mia famiglia. Pensavo anche alla lettera di Flavio che aveva acceso una lampadina nella mia testa sul significato delle mie visite e a quanto gli italiani continuassero a sentirsi grati verso i Buffalo Soldiers che avevano combattuto per dare loro la libertà. Durante quell'intervista, dissi: "Questa è la prima volta nella storia che i soldati afroamericani hanno liberato altre persone". Con questo intendevo le diverse città, paesi e borghi della Toscana dove avevamo combattuto e in particolare la città di Lucca.

Lasciammo la villa il giorno seguente per tornare a Los Angeles. Il 2014 sarebbe stato il 70° Anniversario della Liberazione di Lucca, e avevo già in programma di tornare per quella celebrazione.

Rievocatore italo-africano Ousmane, sua figlia e sua moglie

Autografando un elmo con il consigliere generale Morrison

Versilia, una jeep americana con alcuni soldati della "Buffalo". In primo piano il capitano Charles F. Jr Gandy, comandante della prima pattuglia entrata a Lucca. Cadrà il 12 ottobre 1944 durante i combattimenti sul monte

I Buffalo Soldiers entrano a Lucca il 5 settembre 1944

L'entrata nelle mura di Lucca nel 2013

Famiglia, amici e rievocatori a Villa la Dogana

Le riprese con Giulia Scarpa a Seravezza

Al cimitero di Firenze con il sovrintendente John Luncheon

Giulia Larturo, traduttrice, e Francesca Fazzi, editrice

Colline X, Y, e Z. Dolci pendii dove molti soldati hanno perso la vita

A Seravezza con i sindaci di Seravezza e Stazzema

A Seravezza, uno dei campi di battaglia della
Seconda guerra mondiale con Ivan A.

L'Argentiera, valle dove ci riposammo dopo la battaglia di Seravezza

Funzionari e rievocatori di Lucca

Onorificenze conferite a Lucca

Il rievocatore Flavio, la cui lettera spiegava tutto

Resti della Linea Gotica, Borgo a Mozzano

La famiglia Orsini, i primi proprietari della villa

Con il consigliere generale Morrison e i rievocatori

Con mio figlio Ivan A. alla villa

Foto dei Buffalo Soldiers della Seconda guerra mondiale
e Bailey Bridge che attraversa il fiume Arno

CAPITOLO 4

2014

Dissi a Mattea Piazzesi che sarei tornato nel 2014 soprattutto per partecipare al 70° Anniversario della Liberazione di Lucca. I funzionari della città avevano saputo che sarei arrivato e mi estesero l'invito a partecipare al consiglio comunale il 5 settembre, esattamente a settant'anni dalla data in cui la città era stata liberato dal mio reggimento di Buffalo Soldiers, il 370° di fanteria.

Durante il mio viaggio a Lucca nel 2014, pensai alle mie passate visite ai campi di battaglia della Toscana e in particolare a quelle al cimitero americano di Firenze. Conoscevo molti degli oltre quattrocento Buffalo Soldiers che erano sepolti lì. Eppure eccomi qui, quasi novantenne. Ho avuto la fortuna di avere figli, nipoti e persino pronipoti, mentre quei soldati giacevano lì, nel suolo italiano. Di loro rimaneva solo un ricordo. Quell'anno tenni diversi discorsi sia in Italia che negli Stati Uniti. Chiesi alle persone che vennero ad ascoltarmi di non dimenticarsi di quei giovani soldati afroamericani che avevano combattuto per la libertà di altri popoli, ma che non riuscirono ad ottenere la propria nella loro nazione. I sopravvissuti non ci riuscirono perché al ritorno in America erano ancora soggetti alle leggi Jim Crow. La seguente poesia, che ho scritto nel 2014, è dedicata a tutti i Buffalo Soldiers della Seconda guerra mondiale ed in particolare a quelli che sono sepolti a Firenze.

Con una mano legata

Vai a
Firenze, se
vuoi.
Guarda le
croci sulla
collina.
Guarda con
attenzione i
murales sul
muro.
I bufali con le frecce
rappresentano tutti
noi.
Cammina sulla
verde erba, croci,
file su file.
Giovani neri uccisi
mentre attaccavano
il nemico.
È Dio che
guarda questo
campo.
Uomini benedetti
che combatterono e
non si arresero.
Jim Crow era lì a

bloccargli la strada.
Arrecando
dolore, giorno
dopo giorno.
Questi uomini
combatterono il
male che avvolgeva
la terra.
Hanno combattuto
per la libertà con
una mano legata.

La poesia fu ben accolta. Avevo pubblicato la poesia sui segnalibri che avevo realizzato con Ivan A., con copyright. Decisi di cambiare il titolo del documentario a cui stavamo lavorando, passando da *I Giganti buoni* al titolo stesso della mia poesia, *With One Tied Hand (Con una mano legata)*.

Il 5 settembre, il giorno in cui dovevo rivolgermi al Comune di Lucca, fui intervistato nella villa da un giornalista italiano che stava scrivendo del 70° Anniversario della Liberazione di Lucca. Più tardi quel giorno, mi accompagnarono a Lucca alle camere del consiglio comunale. Parlai con il consiglio in inglese e Giulia Larturo, la giovane donna di grande talento che aveva tradotto il mio libro, tradusse anche il mio discorso in italiano per i membri del consiglio. Fu un'occasione di importanza storica sia per me che per i cittadini lucchesi. Noi soldati neri americani abbiamo dato agli italiani di questa parte della Toscana la libertà dai fascisti e questo lo ricorderanno per sempre. Nel 1944, quando liberammo città e borghi in Toscana, riuscivamo a sentire che gli italiani erano felici. Ci mostravano la loro emozione con abbracci e altre dimostrazioni di affetto. Mi chiedo cosa avremmo pensato allora se avessimo saputo che avrebbero ancora celebrato la loro Liberazione settant'anni dopo con tale partecipazione.

Ciascuno dei membri del consiglio comunale rispose alle domande che gli vennero poste e l'incontro, che era iniziato nel tardo pomeriggio, continuò fino alla sera.

Il 6 settembre, l'autore e corrispondente estero Christian Jennings venne a trovarmi alla villa. Jennings ha scritto il libro *Bosnia's Million Bones* che parla della vasta operazione di riesumazione fatta nelle fosse comuni per identificare i resti di migliaia di vittime del massacro di Srebrenica del 1995 in Bosnia. Stava scrivendo un libro sulla Seconda guerra mondiale in Italia e voleva intervistarmi. Parlammo a lungo della guerra in Italia e di quanto fossero brutali le condizioni in cui avevamo dovuto vivere. Abbiamo parlato della segregata 92° divisione di fanteria, della mia unità e di come combattemmo al fianco di soldati provenienti da molti paesi diversi e successivamente con i nippo-americani del 442° reggimento di fanteria. Il suo libro, *At War on the Gothic Line*, è stato poi pubblicato.

Più tardi quel giorno, visitai l'accampamento allestito dai rievocatori sul terreno di Villa La Dogana. Ancora una volta, c'erano jeep, camion e motociclette della Seconda guerra mondiale ovunque. C'erano anche fucili, mitragliatrici e pistole della guerra. Per me è stato come tornare indietro nel tempo. Tutti volevano fare una foto con me, il Buffalo Soldier che aveva combattuto lì settant'anni prima. Come l'anno precedente, l'accampamento includeva rievocatori vestiti da soldati tedeschi in vere uniformi e armi tedesche della Seconda guerra mondiale. C'era anche la famosa mitragliatrice, quella che chiamavamo burp gun (pistola a rutto) perché il suono che faceva sparando così tanti proiettili suonava come una serie di rutti.

Ancora una volta, mi chiesero di autografare di tutto, compresi degli elmi, i cofani delle jeep e di altri veicoli. Ho visto il fucile semiautomatico M1 Garland, il tipo di pistola che avevo portato per tutta la guerra. Provai a fare anche una sorta di "manuale delle armi" ovvero insegnando imbracciare le armi mentre si è in formazione. La pistola sembrava molto più pesante dopo settant'anni. Durante la guerra, quel Garand non lasciò mai il mio fianco. Il fucile Garand M1 era l'arma principale trasportata dai soldati di fanteria statunitensi durante la Seconda guerra mondiale. Era semiautomatico e conteneva una clip di otto colpi. Una volta sparato l'ottavo colpo, la clip che teneva i proiettili schizzava fuori dalla breccia. A quel punto bisognava prendere un'altra clip con la mano, incastrarla nella breccia con il pollice facendo attenzione a toglierlo subito prima che si chiudesse. Alcune cose non si dimenticano mai!

Il 7 settembre, l'accampamento a Villa La Dogana era ancora presente e tutti i rievocatori si preparavano a raggiungere il convoglio a Lucca, a circa 8 chilometri di distanza. In quel giorno si celebrava il 70° Anniversario della Liberazione di Lucca. Sul grande terreno della villa si riunirono quasi un centinaio di uomini e donne vestiti con uniformi della Seconda guerra mondiale con armi, camion, motociclette e jeep del tempo. Una volta radunati tutti i membri, il convoglio di veicoli uscì e si diresse verso Lucca. Ancora una volta, ero in testa alle jeep mentre percorrevamo la strada che dalla villa conduceva a Lucca. Mentre raggiungevamo la città, vidi di nuovo quelle famose mura che mi avevano incuriosito settant'anni prima. Le mura si estendono per 4 chilometri, sono la seconda fortificazione più lunga d'Europa, e sono di origine rinascimentale. Sono molto spesse, infatti erano state progettate per fermare il fuoco dei cannoni e contenevano anche bastioni per la difesa.

Entrammo a Lucca e guidammo fino al bellissimo anfiteatro del II secolo. Ora è una piazza piena di vita, con negozi e ristoranti. Si possono ancora vedere gli archi della costruzione romana originale. Salii sul sidecar di una motocicletta della Seconda guerra mondiale per un breve tour di Lucca, con annessa la visita al Museo Storico della Liberazione.

L'8 settembre lo passai a rilassarmi in villa. Il programma di incontri ed eventi era stato davvero fantastico ma devo dire che è stato è stata una brutta idea riposarsi un po'. Il giorno dopo sarebbe stato molto impegnativo. La televisione italiana mi intervistò e Giulia Larturo era ancora una volta al mio fianco come traduttrice. L'intervistatore era lo stesso che incontrai a Bagni di Lucca quando andai nel 2012. Quell'uomo dai capelli bianchi aveva interpretato un ragazzino in un vecchio film in bianco e nero sulla Seconda guerra mondiale che mostrarono durante la nostra visita a Bagni di Lucca. Dopo questa intervista, io e mio figlio abbiamo incontrato la bellissima famiglia di Giulia. Erano presenti la madre, il padre e le sorelle minori di Giulia. Andammo poi all'evento per il lancio della versione italiana del mio libro *Black Warriors I Buffalo Soldiers e la Liberazione dell'Italia lungo la Linea Gotica*.

L'evento si svolse in un grande auditorium gremito di persone. Per realizzare la traduzione italiana avevano collaborato: la Banca del Monte di Lucca, il tenente colonnello Vittorio Lino Biondi, il professor Umberto Sereni, Roberto Piazzi e Giuliana Scatena, insieme a Mattea Piazzesi, con anche il supporto del dipartimento di lingue dell'Università di Pisa. La traduttrice era Giulia Larturo e l'opera è stata poi pubblicata dalla casa editrice Maria Fazzi Editore.

Autografai molti libri, continuando a chiedermi perché le persone in questa regione d'Italia fossero così interessate a quello che avevo scritto. Ad oggi penso che sia dovuto al fatto che i Buffalo Soldiers erano riusciti a liberarli. Liberarli dai fascisti che, sotto Mussolini, avevano governato dal 1922 e dai nazisti che presero il potere nel 1943. Inoltre, penso che sia dovuto anche al fatto che i combattimenti di cui parlo riguardano proprio quel territorio, quei borghi e città in cui adesso loro vivevano. Una persona disse con grande entusiasmo: "Hai parlato anche della mia cittadina nel tuo libro. Nessuno l'aveva mai fatto prima!". Inoltre, avevo scritto della Linea Gotica e delle nostre numerose battaglie in quella linea di fortificazioni. Ai tempi non sapevo che i tedeschi avessero arruolato gli italiani per costruire la Linea Gotica. Gli italiani e i turisti visitano ancora le sue fortificazioni onorando il ricordo di quelle grandi e piccole battaglie in cui presero parte così tanti giovani di colore.

Dopo il firmacopie del libro, abbiamo cenato sotto le stelle in un ristorante in Piazza Napoleone, una piazza restaurata dalla sorella di Napoleone, Elisa. È la piazza principale di Lucca, circondata dal Palazzo Ducale del 1500, negozi e caffè. Ci sono strade di sanpietrini ed edifici su ogni lato, vicini tra loro. Ero con mio figlio Ivan A., mia figlia Pam e suo marito Paul. Trascorremmo una bellissima serata accompagnati da buon vino insieme a Mattea e la sua famiglia. Fu un'altra giornata impegnativa ma meravigliosa. I padroni di casa Mattea e suo marito Marco, avevano gestito un bar a Lucca per alcuni anni e conoscevano quasi tutti quelli che passavano di là.

Il 10 settembre era il compleanno di Mattea e abbiamo festeggiato insieme nella villa. Un vero e proprio compleanno in famiglia. Alla festa erano presenti tutti gli amici di Mattea, di suo figlio Lodovico e di suo marito Marco. Sono stato felice che la mia famiglia abbia condiviso questa bella occasione di festa. Avevamo portato dei regali da Los Angeles appositamente per quell'occasione speciale. C'era una torta di compleanno e una candela speciale portata da mia figlia Pam che non si spengeva e c'erano tanti bambini che si divertivano tutt'intorno a noi.

L'11 settembre Solace Wales, l'autrice della California del Nord, invitò la mia famiglia e i nostri amici Italiani a pranzo nella sua casa nella frazione montana di Sommocolonia. Ora sede di una sessantina di persone, questo borgo rimase quasi distrutto durante la guerra. Ci fu una furiosa battaglia in cui i fascisti tedeschi e italiani attaccarono un avamposto minato di Buffalo Soldiers il 26 dicembre 1944. Come ho raccontato in precedenza, fu proprio in questo comune che l'ufficiale di artiglieria tenente John Fox, uno dei soli due Buffalo Soldiers che ha ricevuto la medaglia d'onore, rimase ucciso in azione. Il tenente chiamò deliberatamente il fuoco di artiglieria sul suo avamposto quando si rese conto che i nemici l'avevano ormai invaso. Fox faceva parte della 366° divisione di fanteria.

Penso ancora al sacrificio del tenente John Fox quando leggo che del generale Almond, comandante generale della 92° divisione di fanteria, che nel 1953 (ben otto anni dopo la fine della guerra) disse: "L'uomo bianco è disposto a morire per motivi patriottici, quello nero no". Questa affermazione è ovviamente falsa, e le celebrazioni e le rievocazioni a Lucca testimoniano la dedizione di Fox e degli uomini che come lui hanno combattuto la guerra quel dicembre. Quando il generale Almond face questa dichiarazione centinaia di soldati neri sotto il suo comando erano stati uccisi in azione, e molti di loro sono sepolti nel cimitero di Firenze. (L'intervista e la fonte dell'intervista sono citate nel mio libro *Black Warriors: I Buffalo Soldiers e la Liberazione dell'Italia lungo la Linea Gotica*.)

I Buffalo Soldiers si sentirono vicini agli abitanti di quel borgo. Solace ha scritto un bellissimo libro chiamato *Braided in*

Fire: Black GIs and Tuscan Villagers on the Gothic Line, pubblicato nel giugno 2020, sulla storia di Sommocolonia e sullo straordinario rapporto che si è creato tra gli abitanti di quel luogo e i Buffalo Soldiers coinvolti nel vortice dell'attacco di dicembre. Pranzammo con Solace, suo marito, la mia famiglia e i nostri ospiti. Passeggiammo per il borgo e visitammo la piccola ma memorabile biblioteca e museo, che è piena di ricordi dei combattimenti avvenuti lì nel dicembre 1944.

Non c'erano attività programmate per il 12 settembre ma nel pomeriggio arrivò in villa un altro gruppo di rievocatori. Alcuni, sia uomini che donne, erano di Roma e indossavano uniformi tedesche della Seconda guerra mondiale. Erano lì per rievocare la liberazione di Ponte a Moriano, una città sul fiume Serchio appena a nord di Lucca.

Il 13 settembre i veicoli dei rievocatori (e ce n'erano un gran numero) lasciarono la villa in un convoglio che sembrava allungarsi per chilometri e si diresse verso Ponte a Moriano. Ancora una volta, ero in una jeep in testa con Mattea Piazzesi e la sua buona amica Tiziana Tosti. Entrambe erano vestite con le uniformi della Seconda guerra mondiale dell'esercito degli Stati Uniti. Vidi che alcuni dei rievocatori indossavano uniformi dell'esercito britannico e portavano cornamuse, mentre altri erano vestiti da partigiani italiani. In altre parole, erano rappresentati tutti gli eserciti e i gruppi che combatterono in Italia nel 1943, 1944 e 1945. Pensai tra me e me, *questa sarà una gran bella sfilata!* Mentre entravamo a Ponte a Moriano c'era una folla di rievocatori e altri cittadini che onoravano il 70° Anniversario della Liberazione di quella città.

Guidammo con gli altri veicoli intorno alla piazza della città e parcheggiammo in file nella piazza. Scesi dalla mia auto e camminammo guardando la gente tutt'intorno. C'era un gran numero di rievocatori in uniformi tedesche, tra cui alcuni con gli elmi Heer verdi e altri ufficiali tedeschi. Volevano che ispezionassi la loro formazione e io lo feci volentieri. Feci un discorso al popolo, e i rievocatori si radunarono in piazza. Giulia Scarpa, ancora una volta, tradusse per me. Fu un altro grande evento che mostrò come l'Italia fosse stata colpita durante la guerra da americani, inglesi, tedeschi e italiani che combatterono da entrambe le parti in quel tragico conflitto.

Il 14 settembre tornai a Lucca per godermi un'altra passeggiata in quella meravigliosa antica città. Nel 2013 i lucchesi mi avevano regalato alcuni libri su quel luogo e li avevo divorati. A quel punto conoscevo bene la storia e i principali punti di interesse della città.

Rividi anche il *Volto Santo*. Lessi molto su quel crocifisso, soprattutto dopo aver visto che la figura di Gesù era nera e vestita da re! Quest'opera si trova a Lucca dal 782.

Una volta arrivati alla cattedrale mi sistemai nella quiete silenziosa della cappella di marmo. Alzai lo sguardo verso il *Volto Santo*, dissi alcune preghiere e pensai che quando noi soldati afroamericani abbiamo liberato la città di Lucca il 5 settembre 1944, durante la peggiore guerra della storia del mondo, non avevamo idea che in quella città ci fosse un Cristo nero! Scattai una foto del *Volto Santo* con il mio iPhone, volevo condividerla con molti altri una volta tornato a casa, in particolare con il diacono Hosea Alexander, un amico cattolico e studioso che conosco da oltre cinquant'anni.

Dopo aver lasciato la cattedrale, camminammo per la città. In una libreria, vidi delle copie del mio libro pubblicato in italiano. Naturalmente ho dovuto scattare una foto! Ci sedemmo in uno dei tanti caffè all'aperto per rinfrescarci un po'. Molte persone stavano passeggiando per la città. Passò di fianco a me anche il sindaco di Lucca salutandomi. Ricambiai il suo saluto, felice di aver trascorso un'altra giornata ricca di emozioni. Ogni volta che tornavo, imparavo un po' di più su Lucca e sul mistero del Volto Santo.

Ci sono diverse storie sull'origine del Volto Santo. Una racconta che quello presente a Lucca è una copia del XIII secolo dell'originale, che era presente in città dal 1100 circa. Penso che la storia raccontata da Giuseppe Ghilarducci nel libro *Lucca Incontra il Mondo,* pubblicato nel 2009, sia la mia preferita.

Secondo Ghilarducci, la scultura è molto antica, infatti già se ne parlava in manoscritti risalenti al XII secolo. Sembra che questi manoscritti provengano da una tradizione orale che risale al IX secolo. Raccontano del ritrovamento del crocifisso a Gerusalemme e del suo incredibile viaggio verso Lucca. Ogni volta volevo saperne di più sul Volto Santo.

Il 15 settembre insieme a Mattea e mia figlia Pam partecipammo ad un altro incontro a Lucca. Henry DeLuca e sua moglie Susan ci avevano invitato a trascorrere un po' di tempo a casa loro. I DeLuca sono di Pittsburgh ma hanno un legame molto stretto con la città di Lucca. Il posto in cui alloggiavano era bellissimo ma dal di fuori non sembrava così maestoso, perché si vedevano solo una porta e delle mura. All'interno delle porte e dei cancelli c'erano dei bellissimi giardini pieni di fiori e ulivi. Le camere erano decorate con un mix di stili tra il country e il moderno. La cosa bella di Lucca è che è sempre interessante scoprire quale bellezza si celi dietro le antiche mura che fiancheggiano le stradine della città.

Lucca è una città importante perché racchiude tanta storia, dalle storie di Annibale di Cartagine a Giulio Cesare e Napoleone Bonaparte. Ci sono stati alcuni dei più importanti personaggi del mondo. Per me Lucca è la città liberata dal mio reggimento, il 370° di fanteria afroamericana, il 5 settembre 1944. E la cosa che rende ancora più speciale questa città è che ancora oggi non abbia mai dimenticato i Buffalo Soldiers.

Il giorno seguente partimmo per Los Angeles, portando con noi i ricordi di persone e luoghi che rimarranno per sempre nel nostro cuore.

Alla villa con Fred Kuwornu, il professor Sereni e il traduttore

Celebrando la liberazione di Ponte a Moriano

Ispezione dei rievocatori tedeschi

Le donne italiane (rievocatrici)

Rievocatori in uniformi americane e tedesche

Rievocatori in uniformi tedesche a Ponte a Moriano

Mentre autografo il cofano di una jeep

CAPITOLO 5

2015

Io e il diacono Hosea Alexander ci siamo conosciuti durante le lotte per i diritti civili degli anni '60. Avevo incontrato il cardinale di Los Angeles James McIntyre in quel periodo per chiedere che la chiesa ci aiutasse a promuovere la parità dei diritti. Hosea e io facevamo parte del Consiglio interrazziale cattolico di Los Angeles (Catholic Interracial Council) che lavora per promuovere l'uguaglianza nella società. Al ritorno dalla mia visita in Italia nel 2014, mostrai al mio amico la foto che avevo scattato al Volto Santo di Lucca.

Hosea fu sorpreso sia dal crocifisso che dalla reazione che avevo avuto. Iniziò immediatamente a studiare tutto ciò che poteva trovare sul Volto Santo. Mi disse che erano presenti dei crocifissi di Gesù nero nelle chiese caraibiche e centroamericane. In molti di questi paesi, i crocifissi di Gesù nero sono chiamati Cristo Negro. Tutti sembrano avere una somiglianza con il Volto Santo e, ovviamente, tutti sono apparsi nei Caraibi e nell'America centrale dopo il 1492. Hosea scoprì anche che, nei secoli, erano state trovate numerose copie del Volto Santo in diverse città europee. Lucca era un luogo importante per i pellegrini che andavano a Roma e poi in Terra Santa. Una parte del sentiero che porta a Lucca si chiama *Via Volto Santo*. Avremmo sentito parlare di Via Volto Santo e dei Buffalo Soldiers un po' più tardi, durante il mio viaggio nel 2016.

Dissi al diacono Hosea che sarei probabilmente tornato in Italia nel 2015 e per questo mi chiese di scattare un'altra foto al Volto Santo, ritraendolo dal davanti e questa volta usando una macchina fotografica. Mi diede anche un opuscolo che mostrava il crocifisso del Cristo di colore che si trovava nella Cattedrale di Nostra Signora degli Angeli a Los Angeles. Quel crocifisso nero si trova nel santuario, è realizzato a grandezza naturale, ed è in bronzo. L'artista è Simon Toparovsky, di origini ebraiche. Hosea mi chiese di consegnare quell'opuscolo all'arcivescovo di Lucca.

Avevo un altro obiettivo per il mio viaggio del 2015. Volevo passare un po' di tempo con il tenente colonnello Vittorio Biondi, l'ufficiale dell'esercito italiano che organizzò parte della mia memorabile visita del 2012. Il colonnello Biondi è uno storico militare che ha scritto dei Buffalo Soldiers e dei partigiani che combatterono i tedeschi nella battaglia di Sommocolonia nel dicembre 1944.

Come ultima cosa, volevo trovare la famosa villa in cui rimasi ferito. Sapevo che si trovava vicino al canale del Cinquale e che potevo vedere il mar Ligure dalla sua posizione. Dopo averlo catturato, trovai una cartolina nell'edificio con una foto della villa stessa. Uscii e un fuoco di mortaio esplosivo mi colpii attraverso la porta d'ingresso. Un frammento di proiettile mi si conficcò nella spalla. Dopo essermi ripreso dallo shock dell'esplosione mi portarono alla stazione di soccorso medico, un ospedale da campo senza alcun tipo di comodità rispetto agli ospedali di oggi. Spesso queste stazioni si trovavano all'aperto oppure all'interno di un edificio parzialmente distrutto, con brande o letti realizzati con oggetti e strutture di recupero. I feriti erano separati in categorie, quelli più gravi venivano trasportati fuori. Ricevetti un'iniezione di antitetanica, della polvere cicatrizzante sulla ferita e un bendaggio, prima di essere rispedito in combattimento. Avevo conservato quella cartolina e ne avevo mandato una copia a Mattea, chiedendole se qualcuno dei suoi amici sapesse determinarne la posizione. Forse questa volta l'avrei trovata.

Il 2 settembre 2015 abbiamo volato da Los Angeles con Alitalia Airlines. Al nostro arrivo a Pisa, ancora una volta, ci hanno accolto Mattea e la sua famiglia. Nella villa abbiamo incontrato Jan Perry, ex consigliere di Los Angeles, e Doug Galanter. Jan era candidato a sindaco di Los Angeles, ma al tempo era direttore generale del Dipartimento per lo sviluppo economico e della forza lavoro di Los Angeles (Economic and Workforce Development Department). Suo zio William Perry era stato un Buffalo Soldier nel mio battaglione durante la guerra. È stato una grande spalla per il regista Spike Lee nel film *Miracolo a Sant'Anna*. Doug è un avvocato. La consigliera Jan Perry era così interessata alle battaglie italiane dei Buffalo Soldiers, di cui suo zio parlava spesso, che organizzò la proiezione del film di Spike Lee nelle camere del consiglio comunale di Los Angeles. È stato lì che incontrai suo zio nel 2010, insieme a molti nippo-americani veterani del 442° reggimento di fanteria che combatté al nostro fianco in Italia.

Sabato 5 settembre Vittorio Biondi è venuto a prendermi insieme a mia figlia Kathi e mio genero Paul alla villa. Quel giorno avevamo alcuni impegni a Lucca. Vittorio era ormai in pensione dall'esercito. Conosceva tutte le persone del luogo e le salutava mentre camminavamo per le strade di quella città. Abbiamo visitato San Giusto, una chiesa che accolse tantissime persone durante la guerra, come quella volta che una bomba atterrò lì per terra ma non esplose. Ora c'è un'iscrizione sul pavimento dove cadde la bomba che recita "Proiettile tedesco miracolosamente inesploso 5-9-1944". Lucca ha più di cento chiese ed è stata una delle principali destinazioni di pellegrinaggio in epoca medievale. In quel giro, riuscimmo persino a vedere gli alberi che crescono in cima a una delle torri più alte di Lucca chiamata Torre Guinigi. La torre medievale in mattoni fu costruita da una delle famiglie più potenti di Lucca nel XIV secolo e ci crescono degli alberi crescono perché la cima della torre è stata trasformata in un giardino che comprendeva addirittura delle querce. Abbiamo fatto una passeggiata all'interno di quelle famose mura, assaporando ogni momento.

Vittorio ci portò a casa sua e ci presentò sua moglie e i suoi tre figli. Li avevamo incontrati nel 2012 ma in quell'occasione non eravamo riusciti a passare molto tempo insieme. Come detto in precedenza, guardando dalla strada è impossibile avere un'idea della bellezza che si cela all'interno di questi luoghi, perché dall'esterno gli edifici sembrano davvero semplici e rustici. All'interno si possono trovare intricati disegni di piastrelle, splendidi pavimenti in legno, mobilia di legno scuro, alti soffitti, pietre incastonate nelle pareti e grandi finestre. Tutti questi elementi si combinano per creare un interno elegante ma confortevole. Ci siamo rifocillati e poi abbiamo proseguito la nostra passeggiata fino al ristorante, dove abbiamo poi incontrato Berto Biondi, il padre di Vittorio. Berto, come me, aveva novant'anni e stava benissimo. Durante la guerra non ci incontrammo anche se era un partigiano e aveva combattuto con noi in queste zone. I giornali hanno testimoniato con foto e un lungo articolo su quell'incontro tra il Buffalo Soldier e il partigiano italiano, ben 71 anni dopo la fine della guerra.

Siamo riusciti a scambiarci due parole grazie a Vittorio che conosce un po' di inglese. Inoltre, ormai anche io conosco un po' di italiano. Tuttavia, in quel contesto, non servivano molti discorsi. Berto e io potevamo capirci attraverso i nostri gesti e le nostre espressioni, dai quali trasparivano i nostri sentimenti per gli eventi accaduti tanti anni prima.

Dopo aver mangiato, passeggiammo un po' per Lucca e poi Vittorio ci riportò alla villa. Era stata una giornata memorabile, ma non era ancora finita. Villa La Dogana si stava riempiendo di rievocatori. C'era una musica che ricordava il periodo della Seconda guerra mondiale, la gente ballava lo swing e il Lindy Hop. Come negli anni precedenti, tutti questi incontri nella villa erano molto festosi e felici.

Il 6 settembre, in sella alle jeep della Seconda guerra mondiale e ad altri veicoli, Mattea e la sua amica Tiziana Tosti andarono a Borgo a Mozzano, una città a nord di Lucca lungo il fiume Serchio. Per la strada, abbiamo visto ciò che restava della famosa Linea Gotica, la linea difensiva tedesca nel nord Italia. Questa linea era maestosa. Sfruttando il lavoro degli schiavi, i tedeschi avevano creato una linea fortificata con oltre duemila nidi di mitragliatrici e oltre quattrocento posizioni di armi, bunker di cemento, punti di osservazione, filo spinato e fossati anticarro. In sostanza, i tedeschi fecero il possibile per assicurarsi un vantaggio lì. Ancora una volta, vedemmo il terreno montuoso, i fiumi e i torrenti intorno a queste fortificazioni.

Era stato organizzato anche un incontro nel centro storico di Borgo a Mozzano, e io ero dei relatori e ospite d'onore. Ero uno degli ultimi soldati afroamericani rimasti che avevano attaccato la Linea Gotica e contribuito a liberare quella parte d'Italia. Raccontai di alcune cose accadute sulle fortificazioni della Linea Gotica. Il nostro battaglione aveva un plotone anticarro e gli artiglieri mi dissero che avevano sparato alle fortificazioni con i loro cannoni da 37 mm. I proiettili colpirono le fortificazioni e rimbalzarono. Ci vollero armi molto più grandi e potenti per sfondare quel misto di acciaio e cemento.

Non avevo preparato un discorso perché non sapevo di essere sul programma fino a quando non sono arrivato lì. Quando mi chiamarono a parlare raccontai delle difficoltà che avevamo incontrato nell'attraversare e riattraversare il fiume Serchio durante la guerra e dell'aiuto che avevamo ricevuto dai partigiani italiani. Mattea tradusse per me e sono sicuro che il pubblico abbia apprezzato quello che raccontai, così come il fatto che fossi stato presente all'evento e che fossi addirittura venuto da Los Angeles per parlarne. Erano tutti molto interessati a quello che avevo da dire, il che era sorprendente perché la maggior parte delle persone presenti non erano i soldati stessi ma parenti delle persone che vivevano lì durante la guerra. Gli italiani in quella zona non hanno dimenticato e significa molto per loro che avevano ricevuto aiuto nel momento del bisogno. Dopo di me parlò un esperto, che raccontò di come i partigiani italiani avessero contribuito alla protezione di quella zona, come quando ci aiutarono ad aggirare molte delle fortificazioni. L'oratore finale parlò della costruzione della Linea Gotica in questa parte d'Italia. Una volta terminato l'incontro ci recammo, insieme ad un rappresentante del sindaco di Borgo a Mozzano, a deporre una corona sul monumento per gli italiani che avevano perso la vita in battaglia e per i soldati brasiliani che erano stati assimilati alla quinta armata degli Stati Uniti e occuparono quel comune.

Prima di lasciare la città, feci un'altra intervista con Silvana Galli, l'autrice di *Little Blonde*, che raccontava della sua storia di giovane ragazza italiana che aveva avuto un figlio da un soldato Buffalo durante la Seconda guerra mondiale. All'inizio di questo libro, ho parlato un po' di Silvana durante la mia visita nel 2013. È stato davvero un piacere rivederla.

L'8 settembre io e mia figlia Pam siamo andati con Mattea a trovare il suo cavallo Cicho. Cicho si trova in una fattoria di una zona con dolci colline a diversi chilometri da Lucca. Nella fattoria c'erano anche altri cavalli tenuti in vecchie stalle di legno. Molti anni fa, ho cavalcato dei cavalli e una volta ho guidato senza sella per diversi chilometri attraverso le colline nella contea di Santa Barbara. Era chiaro quanto Mattea tenesse al suo cavallo. Siamo andati anche a fare shopping a Lucca accompagnati da un buon gelato.

Il 9 settembre è venuta in villa Francesca Fazzi, l'editrice del mio libro in italiano. Abbiamo parlato del libro che sembrava andare bene nel mercato italiano. Ho parlato con Francesca delle mie recenti visite e della splendida accoglienza che avevo ricevuto. Mi disse che avrebbe voluto stampare una seconda edizione, con delle pagine aggiuntive che parlassero dei miei successivi incontri in città nel 2012, 2013, 2014 e 2015. Dissi a Francesca che pensavo di poterlo fare e Mattea disse che mi avrebbe dato una mano. Questa è la storia di come è stata pubblicata la seconda edizione italiana del mio primo libro.

Dopo l'incontro con Francesca, io e mia figlia Kathi ci recammo con Mattea in un museo a Brancoli, una piccola comunità di circa settantacinque persone. Questa frazione comprende una chiesa parrocchiale, e questo in qualche modo la distingue da comuni ancora più piccoli che erano comunque tali quando iniziò a prendere forma quella che oggi è la Toscana. La chiesa è un edificio grigio piccolo e semplice, con poche finestre. Sulla parte anteriore c'è un'alta porta in legno scuro a contrasto con la pietra grigio chiaro dello sfondo. Sul lato sinistro e proprio accanto alla porta della chiesa c'è un alto campanile in pietra grigia.

L'Associazione Linea Gotica Brancoli stava organizzando un ricevimento e io ero il loro ospite d'onore. Il museo si trova presso la chiesa parrocchiale. Molti membri dell'associazione erano accorsi lì per salutarmi. All'interno del museo erano presenti il mio libro e le foto della mia ultima visita. Brancoli è vicina a molte delle fortificazioni della Linea Gotica. Quando la visitammo era notte e non riuscimmo a vedere i resti delle fortificazioni ma non ci volle molto, tuttavia, per capire perché i tedeschi avessero costruito proprio in quella posizione. Da queste montagne si può vedere dappertutto ma il terreno accidentato e roccioso può nascondere tutte le attività che si fanno al di quà della linea. Fu un bell'evento, trascorso con persone grate e amichevoli. Erano felici di vedere questo solitario Buffalo Soldier che tornava in quei luoghi dopo settantuno anni. Ed io ero orgoglioso di rappresentare quei soldati che avevano combattuto su quelle aspre montagne per restituire ai cittadini locali la libertà.

Ogni volta che tornavamo era l'occasione giusta per festeggiare il compleanno di Mattea...e anche quell'anno non fece eccezione. Era di nuovo il 10 settembre, e i suoi amici si riunirono per mangiare insieme degli ottimi dolci e del gelato. Ormai siamo parte della stessa famiglia. Ancora una volta è stata una bellissima festa per una donna meravigliosa.

Chiesi a Mattea di contattare l'arcivescovo di Lucca Italo Castellani per organizzare un incontro. Giulio Cesare Artioli, un amico di Mattea e un rievocatore, riuscì ad organizzare il tutto per far sì che l'arcivescovo incontrasse me, la mia famiglia e la famiglia di Mattea negli uffici della cattedrale l'11 settembre. L'arcivescovo Castellani è stato molto gentile, abbiamo scattato delle foto e parlato un po' assieme. Aveva partecipato all'incontro nelle camere del Consiglio comunale di Lucca quando parlai in occasione del settantesimo anniversario della Liberazione di quella città. Gli raccontai che ero rimasto affascinato dal Volto Santo, che a volte noi lo chiamiamo il Gesù nero, e che non seppi nulla della sua esistenza fino al 2013. Gli diedi l'opuscolo (quello che il mio amico diacono Hosea Alexander mi aveva dato prima che me ne andassi) che mostrava il Gesù nero presente nella Cattedrale di Nostra Signora degli Angeli a Los Angeles. Il diacono Alexander crede che il Volto Santo, giunto a Lucca nel 782, sia stato copiato e lentamente diffuso grazie alla Chiesa cattolica in Europa e nelle Americhe. L'Arcivescovo Castellani mi regalò un libro chiamato *Vestitio Regis: La vestizione del Volto Santo*.

Il Volto Santo è una statua in legno di Cristo sulla croce. Cristo indossa un abito semplice. Quando vidi il Volto Santo prima della processione del 13 settembre 2013, Cristo era adornato con una corona d'oro e indossava un abito d'oro con dei gioielli. Il libro che l'arcivescovo mi aveva donato mostrava il modo in cui Cristo era stato adornato.

Più tardi quello stesso giorno mi diressi con Mattea nella zona del canale del Cinquale, per tentare di nuovo di riconoscere la villa in cui ero stato ferito. Avevo inviato una cartolina con la foto della villa e questo l'aiutò a localizzare due o tre ville che avrebbero potuto essere quella giusta. Lì ero stato fatto saltare in aria attraverso la porta d'ingresso il 9 aprile 1945, quando i tedeschi, che erano in ritirata, iniziarono a bombardarci con artiglieria e colpi di mortaio. Avevamo appena catturato questa villa, dove c'era ancora del cibo pronto da mangiare sul tavolo.

Una volta arrivati al canale, ho iniziato a guardare le ville tutt'intorno. Villa Paoli era nel posto giusto e, anche se modernizzata, era probabilmente quella che stavo cercando. Quando rimasi ferito settantuno anni prima, sapevo solo di essere in una casa o villa molto grande. Guardandola adesso, non ero ancora sicuro al 100% che quello fosse il posto giusto. C'erano anche altre grandi ville nelle vicinanze e mi sforzai di riconoscere qualcosa di familiare che avrebbe indicato che era quella giusta. Sapevo solo che c'ero molto vicino. Tante cose erano cambiate. La governante era al cancello, le lasciammo una copia del mio libro con una copia della foto della cartolina che avevo preso nel 1945. Il proprietario della villa in seguito mi ha inviato una e-mail mostrandosi interessato a quello che avevo da raccontare. Quando arrivammo alla villa lui stava partecipando ad un matrimonio ma era favorevole ad organizzare un incontro in un secondo momento. Speravo potesse aiutarmi a trovare quello che cercavo.

Il 12 settembre ci dirigemmo a Lugnano Vicopisano. Si trova appena a nord del fiume Arno, nel punto in cui il mio battaglione lo aveva attraversato in direzione nord il 1° settembre 1944. Mi ricordavo molto bene di quella zona. Mi trovavo su un veicolo dell'esercito che fu poi colpito dai cannoni tedeschi dopo aver attraversato l'Arno. Con me c'erano il soldato semplice Hiram MacBeth e un autista. MacBeth stava dormendo quando il conducente e io ci siamo tuffati fuori dal veicolo all'inizio del bombardamento. Terminato l'attacco tornammo al veicolo e lo trovammo ancora addormentato. Per inciso, sapevo che si trattava di un colpo di cannone da 88 mm perché avevamo sentito l'esplosione prima di sentire il sibilo del proiettile in arrivo, il che significava che stava viaggiando più veloce della velocità del suono. I cannoni da 88 mm tedeschi avevano una velocità molto elevata, e questo gli conferiva quel suono così riconoscibile. Era stato progettato per penetrare l'esterno di un carro armato e abbattere gli aerei. Era una delle grandi armi della guerra.

Mentre ero a Lugnano (a Vicopisano) molti rievocatori e civili si sono fatti dei selfie con me e mi hanno accolto con entusiasmo e calore. Siamo andati negli uffici del Consiglio comunale e abbiamo partecipato ad una conferenza stampa. Raccontai ai presenti come noi soldati afroamericani avessimo percorso più di undicimila chilometri dal deserto dell'Arizona per raggiungere il fiume Arno. Dai miei registri, siamo stati i primi soldati alleati ad attraversare l'Arno. Ho detto loro anche che gli afroamericani erano considerati cittadini di seconda classe nel nostro paese durante e dopo la Seconda guerra mondiale e che attraversare il fiume Arno era la nostra prima vera battaglia. Le persone in questa comunità erano davvero felici che fossimo arrivati da così lontano.

Quella sera ci siamo goduti un'altra buonissima cena in un ristorante vicino a Cerasomma. Il ristorante, Il Borghetto del Castello, si trova nei pressi di un castello. Quando attraversammo l'Arno il 1° settembre 1944, i tedeschi nelle torri del castello di pietra nella città di Nozzano potevano vedere ogni mossa che facevamo mentre andavamo a nord verso Lucca. Il villaggio di Ripafratta era nelle vicinanze.

Domenica 13 settembre ha piovuto molto. Dovevamo tornare a Lugnano (Vicopisano) per vedere una rievocazione ma quell'evento era stato annullato a causa del maltempo. Non avevamo avuto notizie dal proprietario di Villa Paoli, la villa dove ero rimasto ferito, ma Mattea ed io decidemmo di andare comunque lì. Lungo la strada, di tanto in tanto, vedevamo donne africane vestite con abiti molto colorati, sedute o in piedi. Dissi a Mattea che queste sembravano delle signore di facili costumi, pronte a montare nella macchina di qualche sconosciuto. La pioggia si era fermata, e sorridevano, e noi sorridemmo di riflesso mentre passavamo. La professione più antica del mondo stava ancora andando forte!

Arrivammo a Villa Paoli e la governante ci fece entrare dal cancello. Il proprietario non era ancora rientrato, quindi non riuscimmo a entrare in casa ma abbiamo comunque scattato qualche foto. Ricordare come fosse settantuno anni prima era difficile. La villa è molto vicina al Mar Ligure e mi ricordavo di aver visto dell'acqua dopo aver lasciato la vicina stazione medica che era stata allestita in una cantina. Forse un giorno potrò tornare e verificare se quella è davvero la villa che ricordavo.

Dopo essere tornati a Villa La Dogana venne a trovarci un folto gruppo di cittadini di Lugnano (Vicopisano). A causa della pioggia, fu annullata la rievocazione storica della scena in cui attraversavamo l'Arno e venivamo colpiti a Lugnano mentre Macbeth dormiva. Con meravigliosa gentilezza, tutti i visitatori ci hanno portato dei regali. Ero stupito che il ricordo di questo evento (che comprendeva me, il MacBeth addormentato e il nostro autista) avesse interessato così tanto le persone. Avevano certamente letto quella storia nel mio libro. Abbiamo scattato molte foto e ci siamo divertiti molto ma mi è dispiaciuto non poter vedere la rievocazione.

Lunedì 14 settembre siamo andati a Lucca e abbiamo pranzato con Solace Wales. Parcheggiammo fuori dalle mura ed entrammo dal cancello ad ovest della città. Questo è il cancello dove il mio battaglione si fermò nel settembre 1944 e da dove vidi per la prima volta quelle meravigliose mura. Solace era arrivata da Sommocolonia e questa fu la nostra occasione per parlare del libro che aveva scritto e del film documentario che stavo realizzando, basato sul mio libro e sulle mie visite in Italia. Solace ed io non siamo ancora stati in grado di capire come sia possibile che non esista un elenco delle vittime nei registri ufficiali dell'esercito per il 366° reggimento di fanteria nera.

Il ristorante dove mangiammo si trovava fuori dall'anfiteatro di Lucca. Più tardi, abbiamo visitato la cattedrale di Lucca e scattato altre foto del Volto Santo, alcune le ho fatte appositamente per il mio amico diacono Hosea Alexander.

Il 14 settembre Henry DeLuca e sua moglie Susan ci avevano invitati a trascorrere una serata a casa loro. Quell'anno avevano cambiato appartamento e si trovavano all'interno dell'anfiteatro. Guardando fuori, si poteva vedere la piazza a forma ovale dell'anfiteatro che è davvero unica, perché la maggior parte delle piazze ha la pianta quadrata. Qui si trovano abitazioni moderne incorporate in una struttura che esiste da secoli. Gli archi che una volta si aprivano nell'anfiteatro sono ancora visibili. La pendenza dell'anfiteatro è stata incorporata nella progettazione delle residenze.

Dopo un giorno di riposo, siamo partiti per Los Angeles, era il 16 settembre. All'aeroporto internazionale di Pisa, due soldati americani del vicino Camp Darby mi hanno riconosciuto come veterano della Seconda guerra mondiale. Era facile perché era la scritta che era incisa sul mio berretto: "Veterano - Seconda Guerra Mondiale". Forse non avevano mai visto un veterano della Seconda guerra mondiale in Italia perché erano proprio entusiasti e volevano farsi delle foto con me. È stato un ottimo modo per concludere una visita memorabile.

A Borgo a Mozzano, in onore dei soldati italiani caduti

Berto Biondi, che combatté con i partigiani

La figlia Kathi insieme a Marta e Mattea nella villa

La famiglia con l'arcivescovo di Lucca Italo Castellani

L'edizione italiana del libro *Black Warriors*

Ponte medievale sul fiume Serchio

Silvana Galli, la *Little Blonde*

Parlando a Borgo a Mozzano

CAPITOLO 6

2016

Quando ho lasciato l'Italia nel 2015, dopo la quarta visita negli ultimi quattro anni non pensavo che sarei ritornato anche nel 2016. Avevo già fatto tante delle cose che volevo fare e i toscani mi avevano sempre trattato con un'incredibile gentilezza. Tuttavia, non avevo ancora visitato la città di Pontremoli, che fu liberata dal mio battaglione negli ultimi giorni della guerra. Era lì che si trovava il mio battaglione quando la guerra finì in Italia il 2 maggio 1945. Ricordo ancora quel giorno perché la situazione a Pontremoli era davvero fuori controllo. C'erano spari ovunque. Alle donne che avevano fraternizzato con i tedeschi avevano tagliato i capelli, per far vedere pubblicamente che erano simpatizzanti tedesche. La vita non sarebbe stata facile per loro, i tedeschi erano odiati ovunque. Gli italiani erano in guerra dal 1940, prima dalla parte della Germania e poi passarono dalla parte degli alleati e quindi a fianco degli Stati Uniti e della Gran Bretagna. Anche se gran parte del loro paese era stato distrutto, la vita poteva finalmente tornare alla normalità. Non avevo mai visto tanta felicità. C'era un sacco di confusione, la gente gridava slogan in italiano, celebrando la fine della guerra. Si abbracciavano e ballavano per le strade. La gente si incontrava nei ristoranti e nelle case, condividendo la bella notizia.

Un altro obiettivo per quello che sarebbe stato il viaggio del 2016 è stato quello di visitare finalmente la villa dove ero stato ferito, ma purtroppo non riuscimmo più a metterci in contatto con il proprietario.

Volevo anche saperne di più sul Volto Santo. Avevo scoperto che il Volto Santo di Lucca e il fiume Serchio, che abbiamo attraversato molte volte durante le nostre battaglie, sono entrambi menzionati nella *Divina Commedia*, il poema Dantesco del XIV secolo. Dante descrive il Volto Santo "nero come la pece". Questo poema è considerato una delle più grandi opere della letteratura mondiale. Quello che avevo trovato era un ulteriore pezzo del puzzle…che ha solo aumentato il mio desiderio di saperne di più sul Volto Santo.

A Los Angeles, la mia città natale, sono stato impegnato in molti incontri con il mio amico diacono Hosea Alexander dell'Arcidiocesi di Los Angeles sul Volto Santo, il Cristo nero crocifisso che si trova a San Martino, la cattedrale di Lucca. Hosea e io abbiamo parlato della leggenda del Volto Santo in molte occasioni. Secondo la leggenda e la storia popolare, Il Volto Santo fu scolpito da Nicodemo, un discepolo di Gesù Cristo, dopo che Gesù fu crocifisso. Sempre secondo la storia, Nicodemo voleva che la gente sapesse com'era veramente Gesù. Il legno utilizzato per scolpire il Volto Santo era di noce, e quindi di un marrone molto scuro. L'opera arrivò a Lucca in un momento in cui in Medio Oriente le statue venivano distrutte per motivi religiosi. Ci siamo confrontati anche sul mistero che circonda il Volto Santo, la sua creazione e il suo arrivo a Lucca nell'anno 782, anche se alcuni storici dell'arte collocano l'origine del Volto Santo intorno al XI o XII secolo. Non c'è dubbio, però, sul fatto che il Volto Santo sia molto scuro, quasi nero.

Nelle foto che avevo scattato del Volto Santo nel 2015 non avevo incluso la colomba, che rappresenta lo Spirito Santo, sopra la testa di Cristo crocifisso. Ho promesso al diacono Hosea che avrei scattato una foto migliore nel mio successivo viaggio a Lucca.

Venni a sapere da un conoscente, Mike Mazzaschi, una guida italo-americana in Italia, che la foto sulla copertina dell'edizione in lingua inglese del mio libro *Black Warriors: The Buffalo Soldiers of World War II* mostrava dei soldati afroamericani della 92° divisione di fanteria avanzare verso Pontremoli e il Passo della Cisa lungo una strada che si chiamava Via Volto Santo. A quel tempo però non lo sapevamo. Ero determinato a trovare quella strada e, con un po' di fortuna, il punto esatto in cui era stata scattata la foto di copertina del libro.

Era deciso: sarei tornato in Italia a settembre 2016.

Così il 7 settembre 2016, ho lasciato Los Angeles con mio figlio, Ivan A., mia figlia Pam e suo marito Paul Chretien. Indossavo il mio berretto con su scritto "Veterano" e la gente spesso mi fermava per ringraziarmi del mio servizio. In aeroporto ho parlato con tante persone della mia esperienza, gli ho regalato dei segnalibri che mostravano il mio libro, e ho mostrato loro come potevano ordinarlo. La Seconda guerra mondiale è ormai storia ma molto non sapevano dei combattimenti avvenuti in Italia.

Il giorno seguente arrivammo a Roma verso mezzogiorno, aspettammo circa due ore e poi prendemmo il breve volo per Pisa dove, di nuovo, ci accolsero Mattea e la sua famiglia. Abbiamo guidato fino a Villa La Dogana che ormai era diventata la nostra casa in Italia. La villa era rimasta la stessa, sempre molto confortevole.

Abbiamo fatto molto poco venerdì 9 settembre, ma il giorno dopo insieme a Pam, Paul e Ivan A. guidammo l'auto che Paul aveva preso a noleggio per quella manciata di chilometri che ci separavano da Lucca. Siamo entrati nella città dalla sua porta ovest e abbiamo fatto un po' di shopping all'Antica Bottega di Prospero. In seguito ci siamo recati alle Antiche tessiture lucchesi, dove realizzano ancora le proprie sciarpe su un antico telaio. Lucca è un ottimo luogo in cui fare shopping e mangiare bene. Abbiamo visto una libreria durante la nostra passeggiata a Lucca e mio figlio aveva detto che voleva comprare la traduzione italiana del mio libro. Siamo entrati nel negozio e lo abbiamo trovato. La libraia dietro il bancone capì subito che ero l'autore dell'opera. I suoi gesti nei miei confronti sono stati davvero molto gentili e quest'altro bell'episodio va ad aggiungersi ai tanti che ho collezionato con la cortese popolazione lucchese.

Tornammo da Lucca sapendo tutti che era il compleanno di Mattea e che, ancora una volta, ci sarebbero stati famiglia e amici in villa a festeggiare. C'era anche Bill Fielders, un amico americano che lavora come collaboratore nel vicino Camp Darby. Avevamo incontrato Bill nel 2012 e da allora è sempre stato un nostro grande amico. Avevamo portato regali dagli Stati Uniti appositamente per l'occasione. Più tardi quel pomeriggio, la professoressa e traduttrice Giulia Scarpa partì da Firenze per unirsi a noi. Giulia è stata di grande aiuto nella produzione del film documentario basato sul mio libro e sulle mie recenti visite in Italia.

Domenica 11 settembre siamo andati a Seravezza. Con Ivan A. che controllava il GPS e Paul alla guida abbiamo avuto pochissimi problemi ad arrivarci. Seravezza, sede di una feroce battaglia nell'ottobre 1944, è una piccola città nascosta tra le

Alpi Apuane. Michelangelo vi trovò del marmo per alcune delle sue più grandi opere d'arte. Il marmo nelle montagne sembra neve visto da lontano.

Il mio libro *Black Warriors: I Buffalo Soldiers e la Liberazione dell'Italia lungo la Linea Gotica* descrive la battaglia che abbiamo combattuto a Seravezza, e volevo vedere ancora una volta quelle montagne, ruscelli ed edifici. Rividi la montagna che avevamo catturato, tenuto e infine perso dopo diversi contrattacchi tedeschi. Ho visto la città di Seravezza ai piedi della montagna, era stata devastata dal fuoco d'artiglieria. Dopo aver esaurito le munizioni, siamo stati costretti a scendere dalla montagna fino a Seravezza. Nella notte dopo la battaglia, ci sollevarono dall'assedio mandandoci in riserva e così ci dirigemmo attraverso i monti di Seravezza verso Pietrasanta. Incontrammo un prato verde tra quelle montagne e ci fermammo per riposare. Dopo la battaglia tutto sembrava così tranquillo. Ho sempre voluto sapere dove fosse quel luogo in cui ci riposammo. Sulle nostre mappe era chiamato l'Argentiera.

Mentre attraversavamo Seravezza finalmente scorsi l'Argentiera. È qui che si trova il Palazzo Mediceo. Eravamo lì a girare il documentario nel 2013 ma per qualche ragione non riconobbi l'area intorno al Palazzo Mediceo. Durante i giorni della battaglia eravamo esausti dai combattimenti e alcuni di noi erano sotto shock. Quel prato tranquillo ci dava l'idea di essere in un altro mondo. Alcuni di noi entrarono nel capanno di un contadino e videro una ruota idraulica. Un contadino stava generando elettricità con la ruota idraulica per accendere una lampadina. Non vedevamo la luce di una lampadina da molte settimane e la fissavamo meravigliati.

Al Palazzo Mediceo si stava tenendo un evento ed era tutto allestito ad arte. Abbiamo visto Riccardo Biagi, assistente dell'ex sindaco di Seravezza, che avevamo incontrato nel 2013 e che ci ha presentato il nuovo sindaco. Abbiamo incontrato anche alcuni giovani, tra cui Miriam Salvetti e la sua amica Rachele Colasanti, che erano molto interessate alla storia di Seravezza e soprattutto a quello che era successo lì settant'anni prima durante la guerra. Abbiamo trascorso una bella giornata con delle persone meravigliose.

Da Seravezza ci siamo diretti a Viareggio, oltre il canale del Cinquale, sede di una delle nostre altre grandi battaglie, e infine ci siamo fermati per il pranzo all'Hotel Principe di Piemonte, il grande hotel di lusso realizzato in stile classico. Questo hotel era stato il quartier generale della 92° divisione durante la guerra. Dal ristorante sul tetto dell'hotel potevamo vedere le colline X, Y e Z diversi chilometri a nord, il luogo di numerose delle nostre battaglie.

Il nostro obiettivo per lunedì 12 settembre era quello di visitare Pontremoli, a quasi cento chilometri a nord di Lucca. Volevamo cercare la *Via Volto Santo*, la strada che i nostri soldati presero per liberare Pontremoli nella battaglia finale della guerra. Abbiamo trovato la strada e il cartello con su scritto *Via Volto Santo* vicino ad un piccolo borgo chiamato Pontebosio. Il cartello sulla strada indicava che quella via faceva parte della via Francigena, la principale via di pellegrinaggio. La Via Francigena inizia a Calais in Francia dove passa attraverso la nazione, proseguendo per la Svizzera e, passando per le Alpi, scende in Italia. La strada passa per Lucca e termina a Roma. Visitare Il Volto Santo a Lucca è una parte importante del pellegrinaggio.

Il mio reggimento di Buffalo Soldiers afroamericani ha liberato la città di Lucca, con Il Volto Santo nella sua cattedrale, il 5 settembre 1944 nella nostra prima grande battaglia. In seguito, nella nostra ultima grande battaglia, combattendo lungo la Via Volto Santo, liberammo la città di Pontremoli il 26 aprile 1945. Il Volto Santo, il Cristo nero, faceva parte della nostra storia anche se non eravamo consapevoli della sua presenza.

Il quartier generale del battaglione a Pontremoli era in un edificio nel centro della città. Dopo aver trovato la Via Volto Santo, ci siamo diretti verso il centro di Pontremoli e lì siamo riusciti a trovare l'edificio che era stato occupato dal quartier generale del terzo battaglione alla fine dell'aprile del 1945. Si trattava di un edificio a due piani, con un balcone sul secondo piano che si affacciava su una piccola piazza del paese. Ho riconosciuto proprio quel balcone. Il cartello parte anteriore dell'edificio c'era scritto *Comune*. Quando la guerra finì il 2 maggio 1945 il nostro comandante di battaglione, tenente colonnello Daugette, non voleva uscire sul balcone per salutare la folla perché la gente sparava tanti colpi in aria. Tuttavia alla fine uscì e salutò la folla. Lo acclamarono a gran voce.

Abbiamo pranzato dall'altra parte della piazza rispetto al *Comune*, e tante persone riconobbero che ero uno dei Buffalo Soldiers che avevano liberato Pontremoli. Ho scattato delle foto con il proprietario del ristorante e la sua famiglia e poi siamo tornati a Villa La Dogana. Un'altra giornata memorabile!

Più tardi quello stesso pomeriggio, Mattea, Pam, Paul, Ivan A. ed io partecipammo ad un incontro presso la casa editrice della versione italiana di *Black Warriors*. Lì, abbiamo incontrato la nostra traduttrice Giulia Larturo insieme a Francesca e Maria Pacini Fazzi, proprietarie della casa editrice. Durante l'incontro ho raccontato del nostro viaggio a Pontremoli e del fatto che avevo trovato la via Volto Santo. Ho raccontato a Francesca di aver scoperto il Volto Santo nella cattedrale di Lucca, di aver scattato delle foto del crocifisso a Los Angeles e della reazione che ho ricevuto quando li ho mostrati ai miei amici, in particolare a Hosea. Gli afroamericani si riferiscono al Volto Santo come il Gesù nero, mentre le persone provenienti dal Centro e Sud America hanno un crocifisso nero di Gesù che chiamano El Cristo Negro. Mentre lo raccontavo, Francesca ha chiamato l'editore di un giornale nazionale italiano e ha fissato un appuntamento per farmi intervistare. Pensava che fosse una bella storia da raccontare.

Da afroamericano, sono rimasto colpito dal fatto che il Volto Santo fosse di colore. Un Gesù che era nero, come molti afroamericani, è stata una bella sorpresa e motivo di grande stupore. Se la statua di Gesù fosse stata bianca, probabilmente non avrebbe destato in me un così grande interesse. Volevo saperne di più sul Volto Santo e da dove venisse.

Avevo parlato anche con tante persone di quanto fosse peculiare che il Volto Santo fosse nero. Per alcune persone sembrava un dettaglio irrilevante. Per quegli afroamericani che avevano sperimentato le discriminazioni razziali in una forma o nell'altra a causa del colore della loro pelle, era bellissimo ed edificante che Gesù fosse nero come loro.

Anche il fatto che Lucca, con il suo Gesù nero, fosse stata liberata dai Buffalo Soldiers neri ha avuto un forte impatto su di me. Sapere che il mio reggimento si stava muovendo lungo un percorso di pellegrinaggio chiamato via Volto Santo ha aggiunto qualcosa a quel meraviglioso mistero perché, in un certo senso, avevo scoperto anche un percorso sacro.

Dopo l'incontro con l'editore, abbiamo incontrato Giulio Cesare Artioli a Lucca. Giulio è un vigile del fuoco, un rievocatore e un ottimo pizzaiolo. Desiderava che mi unissi al suo gruppo durante la processione alla cattedrale per onorare il

Volto Santo la sera successiva. Abbiamo cenato a Lucca e siamo tornati alla villa.

Cristiano Consorti, giornalista per *La Nazione*, è venuto in villa con un cameraman per intervistarmi il giorno dopo sul Volto Santo. Cadeva proprio a fagiolo poiché era anche il giorno della Luminaria attraverso la città di Lucca fino alla cattedrale per onorare il santo crocifisso. Ci si aspettava una rande partecipazione a quell'evento, compresi pellegrini provenienti da tutto il mondo. Non vedevo l'ora di far parte di quella processione. Raccontai a Cristiano Consorti che durante la guerra non sapevo nulla del Volto Santo.

Mentre continuavo l'intervista, gli dissi che avevo fatto una copia ingrandita della foto del Volto Santo all'inizio del 2015 e l'avevo portata in processione con il diacono Hosea Alexander nella chiesa del Santo Nome di Gesù (Holy Name of Jesus Church) a Los Angeles, insieme ad un crocifisso nero chiamato El Cristo Negro portato dai parrocchiani ispanici. Holy Name of Jesus è la parrocchia dove sono diventato cattolico e sono stato battezzato nel 1954. Il diacono Hosea riteneva che il volto del Cristo Negro fosse molto simile a quella del Volto Santo.

Ho anche detto alla giornalista che mia figlia Kathi, che lavora con bambini e giovani problematici nella comunità afroamericana di Los Angeles, spesso dà loro copie dell'immagine sacra del Volto Santo. La loro reazione al vedere un Gesù nero è sempre di grande stupore. Sembra commuoverli quasi quanto ha commosso me.

L'articolo scritto da Cristiano Consorti è stato stampato nell'edizione del 15 settembre 2016 de *La Nazione*.

Il 13 settembre il nostro amico Bill Fielders, da Camp Darby, è venuto ala villa per incontrarmi, portando con sé la tenente colonnello Crystal Hills (la nuova comandante del campo) e il sergente Andre Mosby. Entrambi sono afroamericani. Ho dato alla colonnello Hills una copia del mio libro e le ho raccontato un po' del tempo trascorso in Italia durante la Seconda guerra mondiale. La colonnello Hills mi ha dato una delle monete di sfida dell'esercito. Una moneta di sfida reca le insegne o l'emblema di un'organizzazione ed è portata dai membri dell'organizzazione. Le monete vengono solitamente assegnate per dimostrare l'appartenenza a quell'organizzazione e si consegnano anche per sollevare il morale. È stato meraviglioso incontrare l'ufficiale e il sergente e pensare a come l'esercito fosse cambiato dagli anni della guerra al 2016.

Ben presto compresi, a malincuore, che sarebbe stato impossibile entrare a Lucca per la processione. La folla era dappertutto e non c'era posto per parcheggiare. Così decisi di organizzare una visita al Volto Santo il giorno seguente, visto che dovevo andare a Lucca per un pranzo con Solace Wales. Solace veniva dalla sua casa di Sommocolonia. A Sommocolonia è in costruzione un Museo della Pace, esattamente sul luogo dove il 26 dicembre 1944 ebbe luogo la battaglia della Seconda guerra mondiale. Sostituirà un piccolissimo museo che ospita reliquie del campo di battaglia.

Il giorno seguente, mentre camminavamo per Lucca, incontrammo il tenente colonnello Vittorio Biondi. Vittorio, ormai in pensione dall'esercito, aveva fatto molto per me, soprattutto durante la visita nel 2012. È stato bello incontrarlo per qualche minuto. Abbiamo incontrato Solace per pranzo in un ristorante all'aperto adiacente all'anfiteatro lucchese. Dopo pranzo siamo andati alla cattedrale per scattare le foto del Volto Santo che aveva richiesto il diacono Hosea Alexander. La folla del giorno precedente non c'era più, così ho potuto trascorrere un po' di tempo nella cattedrale e ringraziare Dio per i novantuno meravigliosi anni di vita che mi ha dato. Siamo tornati alla villa e abbiamo iniziato a fare i bagagli perché il giorno seguente saremmo tornati a casa.

Prima di partire però abbiamo incontrato Flavio Grossi, che aveva guidato la sua bicicletta per diversi chilometri solo per salutarmi prima della partenza. È davvero un buon amico. Lui è il rievocatore che aveva scritto la lettera che si trova in questo libro nel capitolo relativo all'anno 2012. È stato grazie a Flavio che ho iniziato a capire il sentimento profondo che gli italiani della Toscana provano nei confronti dei Buffalo Soldiers. Eccolo di nuovo lì ad esprimere quella gratitudine, arrivando da così lontano in bicicletta solo per passare qualche minuto a darmi un caloroso abbraccio. Che bella emozione!

Dopo essere tornato a Los Angeles, ho fatto una stampa della nuova foto del Volto Santo e l'ho portata al mio amico diacono Hosea Alexander. Il diacono Hosea si è molto emozionato quando rivide l'effigie nera di Cristo Re sulla croce, con lo Spirito Santo (raffigurato da una colomba) sopra la sua testa. Mentre gli consegnavo quella foto, gli dissi: "Missione compiuta!"

E lui mi rispose: "No, la missione è appena iniziata".

Il Volto Santo di Lucca–il Cristo nero

Dentro le mura di Lucca con Ivan A.

Incontro con il colonnello Biondi a Lucca

Incontro con l'editore italiano

Pontremoli, dove finì la guerra in Italia il 2 maggio 1945

Via Volto Santo, luogo della nostra battaglia finale

I Buffalo Soldiers nell'ultima battaglia della Seconda
guerra mondiale sulla via Volto Santo

Un Buffalo Soldier della Seconda guerra mondiale
restituisce le ceneri di Colombo a Genova

CAPITOLO 7

2018

Decisi di tornare in Italia nel 2018, dopo un anno di pausa. Programmai una visita a Genova perché il mio reggimento, il 370°, su richiesta dei partigiani con cui avevamo combattuto, aveva chiesto di partecipare alla cerimonia del 6 giugno 1945 per restituire le ceneri di Cristoforo Colombo alla sua città natale, Genova. Durante la guerra, i partigiani ne avevano nascosto le ceneri da qualche parte sulle colline. Le ceneri sono state restituite in Piazza della Vittoria in un'urna ornata, portata da un Buffalo Soldier, durante una commuovente cerimonia. Il mio obiettivo era quello di tornare in Piazza della Vittoria.

Inoltre, volevo incontrare Liliana, la giovane donna italiana che si era nascosta all'interno delle mura mentre lottavamo per la liberazione di Lucca. Inizialmente, avevo detto alla dottoressa Janna Merrick, amica di Liliana, che probabilmente sarei tornato a Lucca nel 2019 per il 75° Anniversario della sua Liberazione. Con grande dispiacere, venni a sapere dalla famiglia di Liliana e dalla dottoressa Merrick che Liliana, ora novantaseienne, non stava bene. Purtroppo è venuta a mancare prima che arrivassi a Lucca. La memoria di quella liberazione da parte dei Buffalo la porterò sempre con me.

Stavo pensando di tornare a Lucca nel 2019 appunto per il 75° Anniversario della Liberazione della città da parte del mio reggimento nella Seconda guerra mondiale. Villa La Dogana, dove avevamo soggiornato ogni anno, stava subendo un cambio di gestione e non sarebbe stata disponibile nel 2019. Inoltre, Mattea e suo marito si erano separati. Tutto questo significava che io e la mia famiglia avremmo dovuto cercare un posto dove alloggiare nel 2019. Dopo aver parlato con la mia famiglia, abbiamo deciso di rimanere all'interno delle mura di Lucca quando siamo tornati nel 2019. Non l'avevamo mai fatto, quindi sarebbe stata una nuova avventura per tutti noi. Questa posizione era davvero favorevole, perché eravamo al centro di qualsiasi festa e celebrazione.

Così, sono partito da Los Angeles il 5 settembre. Ad accompagnarmi c'erano mio figlio Ivan A., mia figlia Pam e suo marito Paul. Pam e Paul hanno partecipato ad ogni mia visita, ed hanno sempre sfruttato la villa come punto di partenza di viaggi secondari.

Dopo un paio di giorni di riposo, Mattea mi aveva organizzato un'intervista, per sabato 8 settembre, con un giornalista del quotidiano nazionale *La Nazione*. Sono stato intervistato da Paolo Pacini nella Cattedrale di San Martino di fronte alla cappella ottagonale del Volto Santo. Per loro adesso sono il soldato che ha liberato Lucca e anche l'ambasciatore del Volto Santo. Misero l'articolo in prima pagina nell'edizione lucchese de *La Nazione*. L'articolo e le foto della mia visita occupavano anche la maggior parte della seconda e terza pagina. Mentre mi intervistavano, sembrava che su di me brillasse un arcobaleno di luce. Non ne ero a conoscenza, ma diverse persone in visita alla cattedrale, incluso mio figlio, vennero a vedere cosa stava succedendo. Ha fatto delle foto e sì, c'è effettivamente un arcobaleno di luce mentre sono seduto davanti al Volto Santo. Prendo questo come un'ulteriore conferma che c'è davvero qualcosa di speciale in tutto questo, ed è collegato ai Buffalo Soldiers che hanno combattuto qui e non sono mai stati dimenticati.

Il 10 settembre, insieme a Pam, Paul e Ivan A., ho preso il treno per Genova viaggiando lungo la costa. Ci sono molte piccole città sul lungomare. Il panorama è bellissimo. Siamo arrivati a Genova in circa tre ore. Piazza della Vittoria, dove furono trasportate le ceneri di Colombo, è molto vicina alla stazione ferroviaria. Abbiamo camminato e ci sono voluti circa venti minuti per arrivare alla piazza. Gli edifici che circondano la piazza sembravano gli stessi del 1945. Questo ha reso più facile per me riconoscerla. Abbiamo scattato delle foto, siamo andati in un bar per prendere qualcosa e abbiamo iniziato a camminare verso la stazione ferroviaria per treno di ritorno. È stata una visita breve ma piacevole.

Mattea aveva organizzato un incontro con due dei rievocatori, Giulio e Massimo, nella villa per parlare insieme sull'organizzazione dell'anno successivo, il 2019. Ero curioso di sapere se ci sarebbe stata una celebrazione per il 75° Anniversario della Liberazione di Lucca. Non c'era ancora niente di ufficiale al momento. Avevano però pensato di formare un'associazione lucchese in onore della 92° divisione di Buffalo Soldiers Senza esitazione, ho dato loro la mia approvazione, apprezzando molto l'idea che avevano avuto. Mi hanno promesso di tenermi aggiornato sulle evoluzioni del progetto. Siamo tornati a casa dopo una breve ma movimentata visita.

Questa visita è stata un buon motivo di riflessione per me. Il mio ritorno in Italia come soldato afroamericano Buffalo della Seconda guerra mondiale, a partire dal 2012, ha segnato un periodo straordinario della mia vita. Mi ha permesso di approfondire tutto ciò che i nostri soldati avevano fatto per il popolo italiano, regalando a me e la mia famiglia dei legami familiari in Italia.

Come ha detto mia figlia Pam:

> "Torniamo ogni anno in Italia, e ogni volta ci meravigliamo del rispetto che i toscani mostrano verso i Buffalo Soldiers americani. Tanti borghi e piccole città hanno ringraziato la nostra famiglia per averli liberati. Siamo stati a Viareggio, Massa e sul canale del Cinquale. Abbiamo incontrato molti figli e nipoti di coloro che erano stati liberati dai Buffalo e abbiamo ascoltato le loro storie.
>
> Ho mantenuto la promessa che avevo fatto anni fa a Mattea Piazzesi, proprietaria di Villa la Dogana, e da sette anni ogni volta che torno le cucino i tacos. Possiamo dire che parte della nostra famiglia risiede in Italia. E loro hanno una famiglia qui in America. Tutto questo è meraviglioso".

Nel 1944 e nel 1945, mentre combattevamo i nazisti tedeschi e i fascisti italiani, avevamo paura di morire. Questa preoccupazione accresceva ogni volta che perdevamo amici e leader di combattimento eccezionali. Durante la guerra, l'unica cosa che ha allietato i nostri cuori sono stati i volti, gli abbracci e i baci che abbiamo ricevuto dagli italiani liberati. Noi neri americani, eravamo i loro eroi. E ora, circa settant'anni più tardi, lo siamo ancora.

Inoltre, in modo molto strano e misterioso, questi viaggi mi hanno portato a scoprire il Volto Santo di Lucca e El Christo Negro. Il Volto Santo è a Lucca da più di mille anni. Noi Buffalo Soldiers abbiamo liberato Lucca nel 1944 e ho visto per la prima volta il Volto Santo nel 2013. Il fatto che la nostra ultima battaglia nell'aprile 1945 fosse stata combattuta lungo la via del Volto Santo non ha fatto che rafforzare i legami con la vita e con le persone che ho incontrato come Buffalo Soldier.

Nella Cattedrale di San Martino con il Volto Santo

Concorso medievale di balestra a Lucca

Di ritorno sul luogo della cerimonia, per le restituzione delle
ceneri di Colombo (1945), con Ivan A., Pam e Paul

Un Buffalo Soldier restituisce le ceneri di Colombo nel 1945

Pranzo in Piazza Napoleone con Ivan A.

El Christo Negro e Il Volto Santo, Chiesa del
Sacro Nome (Holy Name) a Los Angeles

CAPITOLO 8

IL VIAGGIO FINALE 2019

Nell'anno 2019 si celebrava il 75° Anniversario della Liberazione della città di Lucca da parte del mio reggimento di Buffalo Soldiers. Ne avevo già parlato con mio figlio Ivan A. e mia figlia Pam mentre eravamo ancora a Lucca l'anno precedente. La gestione della villa dove avevamo soggiornato ogni anno stava cambiando e noi volevamo rimanere all'interno delle famose mura di quella meravigliosa città. Volevamo essere già sul posto, in caso fossero previsti degli eventi in occasione della celebrazione.

All'inizio del 2019 ho scoperto di avere un grave problema di salute. I miei medici mi avevano detto che avrei dovuto sottopormi a dei trattamenti ma che sarei stato ancora in grado di avere una vita pressoché normale. Nella tarda primavera, è sopraggiunto un altro problema di salute. Nel 2001, diciotto anni prima, avevo subito un'operazione di bypass quadruplo. Mi ero ripreso da quel problema ed ero riuscito a vivere una vita normale, supportato dai farmaci adeguati. In quel momento avevo iniziato ad avere dolori al petto e ho dovuto fare molte visite ed esami per capirne la causa. Uno di questi esami, un angiografia, ha determinato che il bypass quadruplo che avevo dal 2001 non funzionava perfettamente. Due dei bypass non funzionavano. In quel momento della mia vita, all'età di novantaquattro anni, non potevo essere più trattato chirurgicamente. Devo essere curato dal punto di vista medico, con trattamenti compensativi. Ciò significava che potevo continuare ad avere uno stile dei vita normale, ma ad un ritmo più lento. Quindi, sarei andato comunque andato a Lucca, come avevo previsto ma avrei seguito un ritmo più lento e escludendo alcune delle passeggiate che avevo già pianificato in quella meravigliosa città.

Il viaggio a Lucca del 2019 è stato ben oltre le nostre aspettative. Siamo stati informati via e-mail e Facebook che l'Associazione Linea Gotica di Brancoli avrebbe tenuto un evento il 15 settembre, il giorno prima del nostro rientro negli States. Ho detto che avremmo partecipato volentieri a patto che qualcuno fosse venuto a prenderci, vista la mia condizione. Brancoli si trova a circa venti minuti di auto da Lucca. C'era anche un altro evento programmato ad Altopascio, sempre vicino a Lucca. Entrambi gli eventi sono stati sponsorizzati dall'Associazione Line Gotica e celebravano la Liberazione. Ero l'unico Buffalo Soldier presente.

Visti i miei problemi di salute, feci una stima di quanto avrei dovuto camminare negli aeroportoi di Los Angeles e di Roma. Così decisi di prendere una sedia a rotelle per raggiungere l'aereo a Los Angeles. Quando atterrammo a Roma, commisi un errore: credevo sarei riuscito a raggiungere a piedi il collegamento aereo per Pisa. Sono stato costretto a fermarmi diverse volte, così mi sono ripromesso che non avrei fato più uno sforzo simile.

Prima di lasciare l'Italia nel 2018, avevamo deciso di contattare un'agenzia di immobiliare per trovare un posto dove stare tutti insieme all'interno delle mura di Lucca. Eravamo proprio tutti: c'erano le mie figlie Pam e Kathi, mio figlio Ivan A. e i loro coniugi, Paul, James e Leslie. Desideravano tutti partecipare con me al 75° Anniversario della Liberazione di Lucca da parte dei Buffalo Soldiers della Seconda guerra mondiale. L'agenzia immobiliare aveva trovato per noi un meraviglioso appartamento con sei camere da letto, quattro bagni, un soggiorno molto ampio e confortevole, e una cucina dove abbiamo potuto tutti cucinare e mangiare con i nostri ospiti. Sembrava il posto perfetto per noi sette, così avremmo potuto intrattenere gli ospiti che sarebbero passati per una visita. Inoltre, si trovava proprio all'interno delle mura di Lucca.

Bill Fielders, l'amico che avevamo incontrato a Villa La Dogana nel 2012 durante la nostra prima visita, ci aspettava in aeroporto per salutarci. Bill presta servizio presso la vicina base dell'esercito americano a Camp Darby. Avevamo prenotato un SUV Mercedes-Benz che ci avrebbe prelevato tutti e sette (bagagli compresi) all'aeroporto di Pisa e portato poi a Lucca. Non siamo persone particolarmente piccole o basse, e così abbiamo riempito il SUV. Siamo arrivati a Lucca per le 16:00 del 5 settembre.

Le automobili hanno bisogno di un permesso speciale per guidare nella città di Lucca. La città è completamente circondata da mura medievali e le strade sono molto strette, quindi è una zona a traffico limitato. Il SUV che ci ha prelevati dall'aeroporto aveva il permesso ZTL e ci ha portati dall'aeroporto di Pisa direttamente alla nostra nuova casa in Via dell'Angelo Custode.

La nostra amica Marta Bertani ci aspettava nella nuova casa lucchese e aveva già rifornito il frigorifero con tutto il necessario. Marta vive e lavora a Lucca. In tutte le nostre visite precedenti, ha aiutato Mattea Piazzesi a organizzare Villa La

Dogana, dove noi alloggiavamo. Inoltre, Marta era venuta da noi a Los Angeles nel 2018, dove era stata ospite a casa di mia figlia Pam. Tutta la famiglia ha partecipato agli eventi rievocativi e di intrattenimento presenti. La sua visita era davvero piacevole per tutti noi. Quando venne in America, la portai a vedere l'Oceano Pacifico, anche se purtroppo era una giornata piuttosto nebbiosa.

Il Dr. Robert Darryl Banks dell'Ordine dell'Impero Britannico (OBE), e suo figlio David arrivarono nel nostro stesso giorno. Gli chiesi di raggiungerci nella nostra residenza lucchese per trascorrere del tempo insieme. Il padre del Dr. Banks era un Buffalo Soldier, un membro del 317° battaglione medico che sosteneva la 92° divisione di fanteria. In altre parole, il padre del dottor Banks era un soccorritore militare. Mi aveva contattato dopo aver letto il mio libro ed era venuto a Los Angeles nella primavera del 2019, mentre si trovava in visita da suo figlio a San Francisco. Il Dr. Banks è uno studioso di Rhodes e, per il servizio svolto, ha ricevuto l'ordine cavalleresco dell'Impero Britannico (OBE), poiché è riuscito ad aumentare le opportunità di borse di studio per gli studenti di colore in Gran Bretagna. Ora gestisce la propria società di consulenza ed è un illustre scienziato ed esperto di politica ambientale ed energetica. Lui e suo figlio, che vive a San Francisco, erano profondamente interessati agli eventi che circondavano la Liberazione di Lucca da parte dei Buffalo Soldiers, avvenuta settantacinque anni addietro.

Insieme a noi per qualche giorno a Lucca c'erano anche James Maddox, un veterano del Vietnam, e sua moglie Natalie. James era un ex ufficiale del servizio nazionale per una organizzazione di veterani ed era profondamente interessato alla storia dei Buffalo Soldiers. Gli amici di mio figlio, Jimmy e Jeannie Jackson, avevano informato tutti del ritorno del Buffalo Soldier.

Il venerdì (il giorno dopo il nostro arrivo) ero stato invitato ad un incontro informale a casa della famiglia di Liliana a Lucca, a base di buon gelato e caffè. Liliana aveva poco più di vent'anni quando i Buffalo Soldiers del mio reggimento liberarono la città. (Ho parlato di questi eventi nell'ultimo capitolo). Come già detto, Liliana è venuta a mancare poco prima del mio arrivo a Lucca nel 2018. Aveva visto la mia foto e pensava che fossi io il soldato che l'aveva trovata addormentata, l'aveva svegliata e le aveva detto che Lucca era stata liberata ed era libera.

Dissi alla dottoressa Janna Merrick, amica di Liliana per diversi anni, che la mia famiglia e due amici erano con me, e che tutti e nove avevamo bisogno di un passaggio per raggiungere la festa. Così la famiglia di Liliana ha organizzato tutto: tre automobili sono venute a prenderci vicino alle antiche mura della città e ci hanno portati a casa della figlia di Liliana. La casa della figlia è moderna e si trova fuori dalle mura della città. Ho incontrato la dottoressa Janna Merrick per la prima volta, dopo esserci scambiati e-mail per più di due anni.

C'erano molti familiari e amici presenti a casa della figlia di Liliana. Una nipote, Alessia, parla un ottimo inglese ed è anche mia amica su Facebook. Alessia è stata di grande aiuto per quelli di noi che non parlavano italiano. C'era anche un uomo anziano, che era solo un ragazzo quando i tedeschi occuparono l'Italia. Ha parlato in termini forti delle atrocità commesse dai soldati nazisti. Feci alcune osservazioni, raccontando loro da dove venivo e del fatto che non entrai a Lucca il 5 settembre 1944, nel giorno della sua liberazione. Ero con il mio battaglione, guardavo quelle famose mura dall'esterno e ammiravo ciò che potevo degli edifici all'interno.

La festa è durata poche ore, abbiamo mangiato gelato e dolci buonissimi e alla fine, tutti sazi, ci hanno riaccompagnato a casa. È stata una giornata meravigliosa con persone molto grate.

Liliana aveva raccontato che la gente di Lucca aveva ballato tutta la notte con i Buffalo Soldiers il giorno della Liberazione. Così ci ha raccontato uno dei partecipanti alla festa.

Il giorno dopo, il 7 settembre, mi è stato chiesto di andare nella città di Altopascio, a circa 20 chilometri a est di Lucca. I rievocatori dell'Associazione Linea Gotica erano lì con i loro cannoni e i veicoli risalenti alla Seconda guerra mondiale. In quel giorno celebravano la Liberazione di quella cittadina, da parte dei Buffalo Soldiers, avvenuta 75 anni prima. Sono stato un ospite d'onore all'evento. La nostra meravigliosa amica e proprietaria di Villa La Dogana, Mattea Piazzesi, è venuta a prendere me, Ivan A., Kathi e James per portarci all'evento ad Altopascio.

Ad Altopascio, mi hanno consegnato una bandiera americana insieme ad un certificato che spiegava il motivo di quel regalo. Il certificato dice come segue:

"Bandiera
degli
Stati Uniti
d'America.

Si certifica che la bandiera consegnata ha sorvolato il Cimitero Americano di Firenze in data 6 settembre 2019

Ivan J. Houston

in onore della nostra visita per la cerimonia del 75° Anniversario della Liberazione di Altopascio, Italia

Soprintendente
Angel M. Matos

È stato un grande onore per me riceverla in dono. Ho visitato più volte il Cimitero Americano di Firenze e ho sempre notato le bandiere americane che sorvolavano quel luogo, bello ma solenne.

L'onore finale che mi è stato dato ad Altopascio mi è stato portato dal sindaco di quella città, Sara D'Ambrosia (nata nel 1987), che ha parlato con passione dei Buffalo Soldiers che li avevano liberati. Mi è stata anche data una targa da Camp Darby, l'enorme base di rifornimento militare statunitense che si trova nelle vicinanze. La Linea Gotica Della Lucchesia mi ha consegnato una targa di partecipazione al 75° Anniversario della Liberazione di Altopascio. Altopascio si trova poco a nord di Pontedera, dove molti Buffalo Soldiers del mio reggimento hanno attraversato il fiume Arno, combattendo verso Lucca e la Linea Gotica. Ancora una volta, ero orgoglioso di rappresentare i Buffalo Soldiers che avevano combattuto tanto tempo prima per liberare quella bellissima parte della Toscana.

Speravo di poter riposare un po' domenica 8 settembre, ma i rievocatori volevano che tornassimo ad Altopascio per ulteriori onori. Ancora una volta Mattea ci è venuta a prendere e ci ha portati ad Altopascio. Ci sono stati date di nuovo molte onorificenze ma gran parte del programma riguardava il ruolo della Forza di Spedizione Brasiliana. Abbiamo combattuto a fianco dei brasiliani e tutti noi Buffalo Soldiers avevamo notato che erano ben integrati, mentre noi stavamo ancora combattendo in un esercito razzialmente segregato. Ricordo quando il nostro battaglione fu sostituito da un battaglione brasiliano durante i combattimenti nella Valle del Serchio. I due comandanti di battaglione non riuscivano a capirsi: uno parlava inglese e l'altro parlava portoghese, che è la lingua nazionale del Brasile. Il mio comandante di compagnia, il capitano Shires, disse: "Chiamate il caporale Houston, lui conosce lo spagnolo e può aiutarci". Immagino che Shires abbia scoperto che avevo studiato spagnolo al college. Il comandante brasiliano conosceva un po' di spagnolo e un po' di italiano. A quel tempo, conoscevo un po' di italiano oltre ad un po' di spagnolo a livello scolastico. Abbiamo provato a parlare e alla fine ci siamo capiti. I brasiliani sono stati in grado di sostituire il nostro battaglione nel giusto ordine.

Il giorno dopo abbiamo ricevuto una visita dal tenente colonnello Vittorio Biondi, ora in pensione dall'esercito italiano. Vittorio è stato nostro amico fin dalla nostra prima visita. Come descritto in precedenza, il successo del nostro viaggio iniziale è stato in gran parte dovuto alla sua organizzazione. Vittorio e la sua famiglia vivono a Lucca molto vicino a dove alloggiavamo. Vittorio ci ha fatto visita, insieme a Carlo Pudu (un ottimo traduttore) e Ilaria Vietina. Entrambi lavorano a stretto contatto con il sindaco di Lucca. Il nostro incontro con il sindaco Alessandro Tambellini era ora previsto per il giorno successivo, il 10 settembre. Vittorio aveva invitato tutta la famiglia a cena quella sera in un buonissimo ristorante, che era a pochi isolati da dove alloggiavamo.

Il 10 settembre c'è stato il nostro incontro programmato con il sindaco Tambellini. Anche il suo ufficio era piuttosto vicino a dove alloggiavamo. Il colonnello Biondi mi venne a prendere e mi accompagnò con la sua BMW all'ufficio del sindaco. I nostri amici, i Maddox, hanno potuto partecipare con noi a questo incontro storico che celebra il 75° anniversario della Liberazione di Lucca. Mentre eravamo seduti nella sala d'attesa del sindaco, non avevo idea di che tipo di incontro sarebbe stato.

A mezzogiorno, la porta dell'ufficio del sindaco si aprì e tutti e nove fummo scortati nell'ufficio del sindaco Tambellini. La sala era bella, bianca e decorata con una vernice dorata. Il sindaco ha detto che per la decorazione era stato usato del vero oro. C'era una cerchia di sedie per la mia famiglia e i Maddox, il sindaco, Carlo Pudu (che ha fatto per me da interprete), Ilaria Vietina e Paolo Pacini, il giornalista e fotografo che ha registrato tutto l'evento per i media e la storia.

Ho dato al sindaco una copia del mio libro *Black Warriors. I Buffalo Soldiers e la Liberazione dell'Italia lungo la Linea Gotica* e ho raccontato di come i Buffalo Soldiers avevano oltrepassato il fiume Arno, liberando la città il 5 settembre 1944. Ho ricordato dei feroci combattimenti avvenuti alla periferia di Lucca, specialmente nella frazione di Ripafratta. Quando i soldati del nostro secondo battaglione entrarono in città, tuttavia, tutto era calmo. Come soldato del terzo battaglione, vidi la città dalla porta ovest ma non entrai.

Il sindaco mi ha poi omaggiato di alcuni regali, tra cui un medaglione della città di Lucca. Devo dire che è stato un grande onore. Ci siamo poi messi in fila per le foto in quella bellissima sala decorata. Paolo Orsini ha scattato delle foto, e il giorno seguente, anche questa di me e della mia famiglia (Paul e Pam Houston Chretien, James e Kathi Houston Berryman, Ivan A. e Leslie Jackson Houston) insieme al sindaco Alessandro Tambellini e a Ilaria Vietina, è apparsa sulla prima pagina della sezione lucchese del quotidiano nazionale.

Il volto sacro di Lucca, il Volto Santo

"Vieni a Lucca,
guarda dietro le
sue mura.

Ammira le sue
antiche chiese,
contale tutte.

Guarda la
cattedrale, il suo
volto scolpito.

Nascosto
dentro il Sacro
Volto nero.

Il Volto
Santo,
dicono gli
italiani.

Scolpito da
Nicodemo in modo
santo.

I pellegrini
venivano ad
onorarlo da terre
lontane.

Per vedere il
crocifisso, sacro
all'uomo.

Secoli dopo, i
suoi occhi
videro tutto.

Incoraggiarono
l'innocenza
dell'uomo
prima che
cadesse.

Nuvole di guerra si sono addensate, l'odio è iniziato.
La distruzione della sacra libertà dell'uomo.

Bombe dal cielo.
I carri armati
iniziarono a
rombare.

Antiche mura
minacciate. Alcune
sgretolate.

A Lucca, dietro le sue mura si ergeva.
Il Suo Volto, incompreso all'uomo.

Il Volto era Cristo crocifisso per
l'umanità, risorto per schiacciare la
follia umana.

Dopo la tempesta
arrivò la calma.

I soldati neri
combatterono
mostrando la loro sacra
fede.

Morti per liberare quel Volto
Santo, per mostrare che l'uomo
è ancora nella grazia di Dio.

**Ivan J. Houston 18 agosto 2018
(versione rivista)**

L'autore Ivan J. Houston con Alessandro Tambellini,
sindaco di Lucca, di fronte al Volto Santo

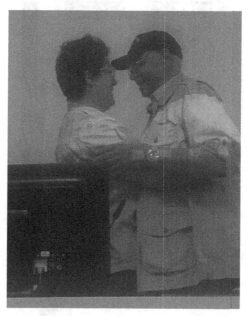

L'autore Ivan J. Houston con i rievocatori della Linea
Gotica Brancoli, presso il Museo di Brancoli

Festival delle Luci di Lucca, La Luminara

Poster documentario per Lucca

Festival delle Luci di Lucca, La Luminara

La famiglia, Ilaria Vietina e il Sindaco Alessandro Tambellini di Lucca

Jeep della Seconda guerra mondiale firmata dall'autore Ivan J.
Houston e da Vernon Baker, che aveva ricevuto la Medaglia d'onore

POSTFAZIONE
(A PAROLE LORO)

Abbiamo incluso alcune osservazioni di alcune delle persone che hanno significato tanto per nostro padre nei suoi numerosi viaggi in Italia. Uno degli ultimi momenti salienti è stata la mia (di Ivan A.) visita nel 2022. Abbiamo donato alcuni oggetti, inclusa una mappa con la città di Pontremoli cerchiata. È lì che si trovava nostro padre quando è finita la guerra. Abbiamo incluso anche una lettera a sua madre, Doris, insieme ad una serie di oggetti personali della Seconda guerra mondiale, che sono ora esposti al Museo della Memoria di Brancoli nella parte del museo sulla Seconda guerra mondiale dedicata ad Ivan J. Houston.

> La sala delle forze alleate prende il nome dal sergente Ivan J. Houston della 92° divisione Buffalo che, da giovane, liberò la valle del Serchio con gli altri soldati afroamericani della Buffalo Division. Ivan J. Houston, dopo settant'anni, tornò in queste zone scoprendo quanto fosse ancora amato dagli italiani che erano stati liberati dai Buffalo Soldiers.

Lettera dell'autore a sua madre, 1945

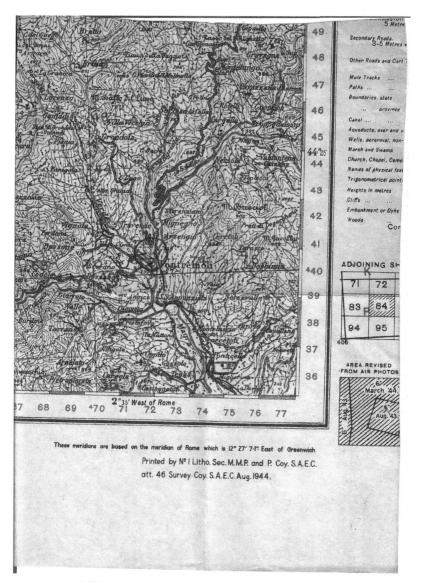

La mappa dell'autore che segnala dove si trovava quando la guerra finì

Viareggio, Italy
Oct. 12, 1945

Dear Mother,

How are you? I am still well, happy and wondering if I'll make it home within the next few weeks. So far, so good!!

The mail does act strangely at times and I am sorry you did not hear from me for three weeks. I do write you at least once a week despite any circumstances that may arise.

I have no new new experiences to bring forth and as usual everything has been pretty much in a state of confusion as we prepare to move to the staging area. The weather, which nearly approached freezing, has warmed up quite a bit. We are still living in tents and cold weather is definitely not appreciated.

You say Norman has only about 58 points? This is very amazing since he came into the Army 1 yr. before me and according to the latest count I have 61 points. I have

been recommended for the Bronze
Star for Heroic Achievement in action
about 1 year ago. I saved two soldiers by who were wounded and
carried them through the shelling
to the aid station. I don't know if
I'll get this medal tho, since it
was such a long time ago
that the incident occurred.

You say you don't know whither
or not I received the 60 dollar
money order. I did.

Enclosed is a section of a map
with the city of Pontremoli encircled. I
was there when the war ended — save
it for my scrap book. I have also sent
a number of other maps and the history
of the 92nd Division to you. They
should prove interesting.

Love,
Ivan

P.S. I will keep you posted on my status.

Ivan A. e Leslie Houston, con Francesca Fusaro nel momento
della dedica della sala del Museo Brancoli per Ivan J. Houston

FLAVIO GROSSI
IL RIEVOCATORE

Eterna gratitudine

"Eterna gratitudine"...che belle parole!

Quando ero un bambino (stiamo parlando di quasi cinquant'anni fa, vent'anni dopo la fine della Seconda guerra mondiale) i nostri passatempi preferiti erano, come per la maggior parte dei bambini di allora, giocare a calcio, a nascondino e a fare la guerra con fucili di legno e pistole fatti dai nostri padri. Inoltre, ci piaceva giocare ai soldatini in infinite battaglie che creavamo con la nostra immaginazione.

A volte mio padre e mio nonno mi raccontavano storie di guerra. Ero affascinato da quelle storie di soldati che venivano da lontano per liberarci dai tedeschi.

Il nostro maestro di scuola elementare ci faceva cantare "Bella ciao" o "Gloria, gloria, alleluia", una canzone su John Brown, il cui corpo "pian piano marcisce nella tomba". Nella mia testa, immaginavo John Brown come un soldato americano venuto da molto lontano e morto per darci la libertà!

Eterna gratitudine è il sentimento che oggi provo per tutti quei soldati che ci hanno liberato!

I MIEI EROI

Allora, i miei eroi erano soldati americani che portavano la bandiera a stelle e strisce come simbolo della loro identità. Sognavo di indossare l'elmo americano, quanto era bello! Una volta, mio padre mi portò da uno dei suoi amici. Non ricordo il suo nome, ma ricordo che, dopo avermi accolto, scendemmo nella sua cantina.

Quando ha aperto la porta sono rimasto affascinato da ciò che vedevo davanti ai miei occhi: un sacco di oggetti, per lo più americani, con su scritto "US". Ho immediatamente chiesto a mio padre cosa significasse quella sigla e lui mi rispose: "Sono gli Stati Uniti". Nel frattempo il suo amico, che stava voltando le spalle, venne da me con un elmo in mano...il famoso elmo americano!

Favoloso!

Ero senza parole e avevo persino paura a toccarlo! Lo mise gentilmente tra le mie mani. Era pesantissimo. Gli chiesi se potevo indossarlo, e sia lui che mio padre annuirono.

In quel momento, ero il bambino più felice della terra! Due cose che ricordo di quell'elmo: il nome del soldato che era scritto all'interno e lo stato da cui proveniva (solo da grande, grazie ai miei studi, ho capito che era uno dei cinquanta stati dell'Unione) e uno stemma. Pensavo che rappresentasse un bufalo, così chiesi timidamente spiegazioni all'amico di mio padre. Disse molto educatamente: "Figliolo, questo elmo apparteneva a un soldato americano della seconda divisione Buffalo!"

Nei giorni seguenti chiesi a mio padre chi fossero quei soldati. E sì, li ho visti di persona. A quel tempo, quando arrivarono e marciarono attraverso le nostre valli, avevo solo sei anni. Anche mio padre si ricordava di loro e mentre raccontava questa storia, quei ricordi riportavano una sorta di gioia perché i soldati portavano con sé cibo - come, un sacco di cibo...e soprattutto la libertà!

Mio padre li chiamava *mori* perché avevano la pelle nera, erano afroamericani. Oggi li ricorda con la stessa parola, ma c'è un'altra espressione che non dimenticherò mai: *giganti buoni*.

Mio padre li chiamava così perché mi diceva che gli davano sempre del cioccolato, un sacco di pane, cibo in scatola, latte in polvere e sigarette per mio nonno, Pietro. Beh, agli occhi di mio padre, erano uomini molto alti, grandi e gentili: giganti buoni!

Che ricordi indimenticabili!

Con il passare degli anni, quei bellissimi momenti della mia infanzia sono stati sostituiti dalla mia adolescenza. Dentro di me, l'ammirazione che provavo per gli Stati Uniti d'America non cambiava. Ho trascorso persino la mia luna di miele in quell'immenso mondo chiamato America. Solo quando io e mio padre abbiamo visto il film *Salvate il soldato Ryan* tutti quei ricordi sotto le ceneri sono tornati vividamente. Quando uscimmo dal cinema ci guardammo l'un l'altro, e lui mi promise che un giorno saremmo andati in Normandia. Questo è successo nel maggio 2011, è stata davvero un'esperienza incredibile!

Nel frattempo, la mia passione per la Seconda guerra mondiale mi ha spinto ad entrare a far parte di un gruppo di rievocazioni storiche a Lucca, la Linea Gotica della Lucchesia. È stato proprio attraverso questo gruppo che ho avuto l'opportunità di incontrare il mio gigante buono, Ivan J. Houston, un veterano della 92° divisione di fanteria. Decise di rimanere con la sua famiglia, proprio dove aveva soggiornato settant'anni prima. Era a Villa la Dogana, a Cerasomma vicino a Lucca. Grazie a Mattea Piazzesi, proprietaria della villa, e al gruppo Linea Gotica della Lucchesia, abbiamo potuto organizzare una meravigliosa cerimonia di benvenuto per Ivan. È stato molto emozionante! Incredibile!

Poi ho deciso di scrivere una lettera a Ivan in modo da poter esprimere la mia eterna gratitudine per tutti quei soldati che sono venuti da lontano per darci la libertà.

Da quel giorno in poi, si è creata un'amicizia speciale con Ivan, che è cresciuta attraverso molte altre occasioni. È stato girato un documentario sul cimitero militare americano di Impruneta, vicino a Firenze. La mia lettera è stata letta in una scena del documentario, mentre indossavo l'uniforme militare che indossavano i soldati americani! Ogni volta che Ivan e la sua famiglia tornavano in America, in California, sentivo dentro di me che era un "arrivederci" e non un addio. E infatti tornava a Lucca quasi ogni anno.

In seguito, sono entrato a far parte del consiglio di amministrazione del gruppo Linea Gotica di Brancoli e ho lavorato con persone incredibili, molto appassionate e motivate, nel tentativo di salvare tutti i ricordi della guerra.

L'inaugurazione del bellissimo museo nel piccolo borgo di San Giusto di Brancoli, vicino a Lucca è diventato un vero e proprio luogo di interesse, così come molti bunker tedeschi costruiti su questo lato della Linea Gotica.

Abbiamo dedicato una delle sale del museo a Ivan J. Houston, quella riservata alle forze alleate. Una targa sul muro ricorderà per sempre la nostra gratitudine a lui e a tutti i soldati che ci hanno liberato.

Faccio parte con orgoglio di questo gruppo e ringrazio l'impegno di tutti, in particolar modo del mio amico Piergiorgio Romboli, prematuramente scomparso. Siamo riusciti a riportare il veterano americano Ivan sul Ponte Moriano e a San Giusto di Brancoli, due dei luoghi in cui ha combattuto. Il ricordo più bello che ho è il giorno in cui è arrivato a San Giusto di Brancoli, con le campane che suonavano e la gente per le strade che cantava "Gloria, gloria, alleluia!" Quando è arrivato in jeep, un'auto che era stata messa a disposizione dal gruppo Linea Gotica della Lucchesia, lo abbiamo accompagnato davanti alla chiesa nella piazza del paese, dove si sono svolte altre celebrazioni.

Che emozione! Il mio ultimo ricordo di Ivan è una foto di me e lui che abbracciamo mio padre. Mi vengono i brividi solo a pensarci.

Ricordi indimenticabili, ricordi di momenti che sono stati possibili grazie a uomini straordinari e incredibili esseri umani che, con la loro passione, hanno reso possibile tutto questo!

Eterna gratitudine a tutti i ragazzi che sono morti per concederci la libertà. Eterna gratitudine a coloro che, da ottant'anni fa ad oggi, ricordano il sacrificio per raggiungere una vita in pace. Eterna gratitudine a mio padre, a mia madre e alla mia famiglia, che mi hanno educato con questi valori.

Eterna gratitudine a mia moglie, che mi ha reso un uomo migliore. Eterna gratitudine a tutti i miei veri amici, a quelli che mi sono stati vicini, specialmente nei momenti difficili. Eterna gratitudine a coloro che hanno lavorato per mantenere in vita tutti questi ricordi e cimeli, eterna gratitudine al gruppo Linea Gotica di Brancoli. Hanno salvato tutte le storie dei nostri amati, che saranno ricordate negli anni a venire.

E eterna gratitudine a te, Ivan J. Houston, il gigante buono.

MATTEA PIAZZESI
PROPRIETARIA DI VILLA LA DOGANA, LUCCA

Sono un'eterna chiacchierona, ma non sono in grado di descrivere i sentimenti. Quando penso a Ivan, provo affetto e gratitudine. Attraverso Ivan, ho imparato tante cose sulla storia d'Italia e degli Stati Uniti. Mi ha fatto approfondire entrambe le culture, su come le persone hanno agito durante e dopo la Seconda guerra mondiale. È stato più reale, toccante, di quello che studiamo a scuola o guardiamo in TV.

Da quando l'ho visto in un video di YouTube in cui presentava il suo libro all'Università della California (UCLA), ho capito che era una persona eccezionale. Aveva una tale energia! Una volta siamo andati insieme a Sommocolonia a fare un'escursione. Lui stava camminando accanto a me in modo spedito ma mi disse che in realtà non si sentiva molto in forze. Venni poi a sapere che aveva subito un intervento chirurgico negli Stati Uniti, per questo era un po' più debole.

È stato sempre un piacere per me accoglierlo ogni anno in cui è tornato ed essere al suo fianco ad ogni evento organizzato per il suo arrivo. Ho amato il periodo in cui ci siamo scambiati tante e-mail per la traduzione del suo libro. Ogni volta che lo contattavo, ricevevo sempre una risposta immediata e precisa a qualsiasi ora del giorno o della notte.

Ho amato far parte della produzione del documentario, nel cercare i luoghi che aveva indicato e trovare le persone che erano lì durante quel periodo. Era sempre sul pezzo, senza ombra di dubbio. Era eccezionale!

Mi sembrava che si sentisse grato per la vita. Voleva onorare tutti gli altri soldati silenziosi che invece la vita l'avevano persa combattendo facendo luce sulla discriminazione che avevano subito. Leggendo il libro e conoscendolo, ho capito che era un uomo estremamente dignitoso ed elegante. Sembrava essere in pace con quelli che erano considerati "di prima classe", proprio come un adulto che si diverte guardando un bambino che si dà le arie.

Era solito tornare nel periodo del mio compleanno, che è vicino agli eventi del Settembre Lucchese, e facevamo festa con entrambe le famiglie, diventando tutti insieme un'unica famiglia. Questa è stata l'ultima volta in cui l'ho festeggiato.

Quando venne la prima volta mi portò un regalo, che era, secondo la sua famiglia, un cameo di cui parla nel suo libro. Rimasi senza parole. Per me significava davvero molto. Inoltre, il fatto che le sue figlie, Pam e Kathi, e il figlio, Ivan A., ne fossero contenti mi fece sentire parte della famiglia. Ogni anno arrivava con un regalo di famiglia.

Era davvero una persona speciale!

MARCO LANDUCCI
ALLENATORE DI NUOTO

Vorrei farvi capire perché il signor Ivan è stato proprio un modello per me, e proverò a partire dai ricordi d'infanzia che sono sempre vivi nella mia mente.

Nella mia famiglia sono spesso emersi ricordi di momenti vissuti durante la Seconda guerra mondiale. Parlo degli anni 70, e i miei genitori e i miei nonni l'avevano vissuto al massimo. Inoltre, la mia casa fu usata prima dai tedeschi e poi dagli americani come luogo di comando. Ma questi erano solo ricordi astratti. Tutto si materializzò quando, un anno, un signore si presentò al cancello di casa, chiedendo (con gesti e in un linguaggio "strano") di mio padre e mio nonno. Li chiamai e ci fu un misto di confusione, abbracci, lacrime e giri di telefonate che anticiparono l'arrivo di parenti e amici...e di nuovo, abbracci e lacrime. Non capii molto di quello che stava succedendo. Avevo circa dieci anni, ma è stato molto emozionante.

Mi spiegarono in seguito che era un ex soldato americano che era stato a casa mia dopo la Liberazione di Lucca e che stava girando per i luoghi dove aveva combattuto durante la guerra. Poco tempo dopo, mi trovavo nella una casa in cui trascorrevamo le vacanze estive (di proprietà dei miei nonni materni) in una cittadina chiamata Capezzano. Si trovava a pochi chilometri da Sant'Anna di Stazzema, un luogo sfortunatamente molto conosciuto.

Stessa scena: pianto, abbracci e così via. Era un altro ex militare! Ho un piacevole ricordo di questo perché ha trascorso molto tempo con me e i miei cugini, tutti tra gli otto e i dieci anni, facendo disegni e insegnandoci come realizzare oggetti di carta come aeroplani, navi e altro ancora. Non ho mai saputo perché volesse stare con noi bambini perché quando ho chiesto a mia madre e alle mie zie, iniziavano a piangere. Penso che fosse legato a Sant'Anna di Stazzema perché il giorno dopo vollero andarci. Questo fu l'inizio di molti racconti di quello che sarebbe diventato di dominio pubblico molti anni dopo.

Erano due persone molto eleganti, due gentiluomini che non mi facevano pensare a dei soldati. A quei soldati con cui avevo giocato, quei soldatini con cui avevo riprodotto i racconti che mi erano stati tramandati dalla mia famiglia.

Capii che erano persone come i miei nonni, che avevano famiglie e vite normali, e questo mi sembrava strano, che da così lontano, fossero venuti a liberarci, lottando per garantire una libertà democratica.

Sono passati così tanti anni e non pensavo che potesse accadere di nuovo. Ma non ero più una bambino.

Non potevo lasciare che una persona come quelle che ancora ricordo restasse lì, fermo al cancello. E così ho deciso di assicurarmi che l'accoglienza fosse degna. Con l'aiuto di molti, siamo riusciti a fare tutto ciò che è stato fatto.

Ho solo un rimpianto nei confronti di Ivan: di non essere stato in grado di spiegargli quanta gioia avessi provato nel conoscerlo.

Mi è bastato sentirlo parlare, a casa e nelle riunioni ufficiali dove erano presenti dei traduttori e poterlo accompagnare in macchina da un posto all'altro, ma sentivo che mancava qualcosa. Volevo fare qualcosa di più. E chiunque conosca il signor Ivan sa perché lo dico. Sono davvero orgoglioso di aver conosciuto lui e tutta la sua famiglia.

FRANCESCA FUSARO
RIEVOCATRICE DEL COMITATO LINE GOTICA DI BRANCOLI, GUIDA STORICA, ABBRACCIATRICE

In ricordo del suo compleanno e in onore di un uomo straordinario oggi voglio parlarvi di Ivan J. Houston, sergente della 92° divisione di fanteria Buffalo, l'unica unità nera che combatté durante la Seconda guerra mondiale. Qui in Toscana, sono spesso chiamati *mori*. Ho incontrato Ivan per la prima volta durante la rievocazione storica del 70° Anniversario della Liberazione di Lucca. L'ho trovato che era sul Ponte di Moriano, ed fu una grande emozione. Il mio cuore batteva forte nel vedere quel bel gruppo di rievocatori appassionati, uomini e donne nelle loro belle uniformi, tutti composti e concentrati nell'attesa di quest'uomo che, rapiti, presentavano gli eventi di quei giorni lontani come la ritirata tedesca e l'avanzata americana.

E ad un certo punto...eccolo! Ivan a bordo di una jeep Willys, accolto da lunghi, calorosi applausi e anche qualche lacrima, per lo più da persone anziane. Un afroamericano, un sergente. Uno dei tanti, tanti ragazzi neri che hanno attraversato un intero oceano per aiutare il popolo italiano.

Eccolo! È qui, in carne e ossa. Qui per onorare tutti coloro che non ce l'hanno fatta. Durante la sua visita, ha presentato il suo libro *The Black Warriors.* si avvicinò e la folla era tanta. Col libro in mano desideravo solo un autografo e stringergli la mano. Fantastico! Mi sono commossa molto e l'ho ringraziato tanto, perché se ero lì, era anche grazie a lui e di uomini come lui.

Ivan è nato oggi, ma nel 1944 era uno studente dell'Università di Berkeley in California. Era bravo a scuola e, soprattutto, un atleta e pugile. In effetti, ha mantenuto un ottimo aspetto fisico anche da adulto. Direi che non era raccomandabile prenderlo a pugni!

Gli Eventi

L'America va ufficialmente in guerra, con tutto il suo potere in armi e uomini, dopo l'attacco a Pearl Harbor. Quello fu difficile da mandar giù. Da lì, una lunga serie di eventi portano Ivan e altri ragazzi come lui a salire a bordo di una nave all'età di diciannove anni. Il viaggio è stato lungo e difficile. Ha attraversato un oceano.

Italia

Ivan aveva appena fatto la storia. Poi divenne sergente nell'unica divisione di uomini neri, la 92° divisione di fanteria Buffalo.

"Noi, per gli italiani, eravamo di 'prima classe', eravamo eroi".

Sbarcò a Napoli. Ovviamente, la guerra aveva lasciato ferite profonde, e non sembrava affatto una buona situazione, al contrario! Qui cominciò a rendersi conto di quello che era successo, e provava compassione soprattutto per la popolazione. Da Napoli e con vari mezzi di trasporto e tratte in marcia, lentamente raggiunse con i suoi compagni la nostra zona: Pontedera, Pisa, Viareggio, Barga, Massa, Lucca.

Obiettivo: spezzare la Linea Gotica nel settembre 1944: Lucca è libera!

Un giovanissimo Ivan aspettava fuori dalla città murata. Non potè entrare allora, ma il seme si piantò. Quel seme crebbe nel corso dei decenni, e finalmente Ivan tornò a Lucca per passare attraverso le porte ed entrare nella città.

Il libro di Ivan è fondamentalmente un diario: infatti, ogni giorno elencava i vari movimenti che la divisione faceva. Quello che mi ha colpito, tra gli eventi molto tecnici e dettagliati, è stato quando ha parlato del tempo che avevano trovato a settembre da noi: piovoso. E con il fiume Serchio ingrossato da tanta acqua. I combattimenti si intensificarono, il numero di morti aumentò, così cominciarono le ore di veglia!

Erano in guerra, e tra tutto, era diventato difficile anche lavare, cambiare l'uniforme, mangiare un po', stare tranquilli... ma i calzini! Già! Intere settimane in quegli stivali con lo stesso paio di calzini, poveretti! Il capitano allora diede l'ordine: "Cambiate i calzini!" Il cosiddetto piede di trincea sarebbe poi diventato un grosso problema.

Scrive anche: "Eravamo giovani così agitati, ma non avevo paura. Stavo per iniziare una grande avventura. Non pensavo che sarei rimasto ferito o che sarei morto".

Solo uomini e donne induriti potevano sopportare la guerra e una vita di così tanti sacrifici.

Ivan, come tutti i soldati che arrivarono in Italia, dovette affrontare notevoli sacrifici. L'unica cosa positiva era che, in termini di equipaggiamento, non gli mancava nulla. La popolazione italiana ricorda cioccolato, caramelle, sigarette e aiuti di vario tipo. I testimoni di questi eventi, che ormai sono anziani, ancora oggi versano lacrime mentre li ricordano. Per noi erano "i mori"!

Hanno visto gli orrori della guerra e molti, moltissimi, sono sepolti nel cimitero di Firenze.

Vi invito a leggere il suo libro. Capirete molte cose, e una tra queste è il legame con l'Italia. Ivan si sentiva amato e apprezzato qui. Nel suo paese, l'America, c'era ancora un forte razzismo e, sfortunatamente, anche quando è tornato, non è cambiato molto.

La guerra è finita e stiamo tornando a casa. Avventura finita!

"La sera del 5 dicembre ho preso un treno… era quasi mezzanotte quando ho suonato il campanello: mia mamma e mia nonna hanno aperto la porta. Sono a casa".

A Lucca, nel settembre 2019, a Palazzo San Micheletto, Ivan presenta il suo documentario sulla guerra *With One Tied Hand*. La stanza era piena e tutti trattenevano il respiro. Lì, alla fine del documentario, ci fu un lunghissimo applauso, una bellissima emozione.

Dopo vari incontri in città il 15 settembre, è il nostro turno per il comitato! Ivan e la sua famiglia ci hanno onorato venendo a Brancoli e visitando il museo e le aree in cui è stata costruita la Linea Gotica.

Tutta la famiglia e gli amici sono saliti a bordo delle jeep per aspettarli e per rendere loro il giusto omaggio alla Chiesa di San Giusto di Brancoli. C'erano rivoltelle, bandiere e molte persone, il tutto accompagnato da un sottofondo musicale adatto all'occasione.

A seguire ci furono una serie di omaggi, testimonianze, commemorazioni e ringraziamenti che rimarranno impressi nella memoria di coloro che erano presenti quel giorno.

Il nostro obiettivo era far sentire Ivan a casa, come settantacinque anni prima, ma senza guerra! Per finire, volevamo rendere omaggio ospitando un pranzo con molte prelibatezze locali che sapevamo sarebbero state apprezzate da questi ospiti che venivano da lontano.

L'ultima visita

Purtroppo il 1° marzo 2020, in una clinica di Los Angeles, Ivan ha chiuso gli occhi all'età di novantaquattro anni.

Il dolore è stato grande per molti di noi. Il poco tempo e la difficoltà linguistiche ci hanno impedito di passare ore e ore con lui, ma siamo stati contenti e abbiamo a cuore quei pochi minuti, i saluti, le parole, le foto, e le strette di mano.

Insieme a lui, siamo diventati parte della sua storia per l'ultima volta. Siamo tutti diventati il suo popolo.

Cosa mi ha lasciato la sua visita? Un abbraccio, chiesto davanti a una stanza affollata, in totale imbarazzo. Un forte abbraccio, emotivo, di pura storia, fatto di eroi, di forza, di coraggio e di gratitudine. Un incontro tra due generazioni, molto diverse e molto distanti.

Ti mando un abbraccio, quella volta eravamo solo io e lui. Sullo sfondo...un forte e lungo applauso. Ivan, ti ringraziamo e ti onoriamo con le stesse parole della targa che noi, come comitato, ti abbiamo donato il giorno dell'evento. Ti ricordi?

HAI ATTRAVERSATO UN OCEANO SENZA PAURA.

Buon compleanno, sergente Ivan J. Houston, ovunque tu sia.

Printed in the United States
by Baker & Taylor Publisher Services